想像「聲辯才博」

李弘祺談史、論藝、述學集

自序

夫唱導所貴，其事四焉：謂聲辯才博。非聲無以警眾，非辯無以適時，非才則言無可採，非博則語無依據。

——惠皎，《高僧傳》

這本書是我過去十多年間發表在《臺大校友雙月刊》的雜文。我原來希望把它定名為《杜鵑花城的教育》，但是仔細想想，畢竟我這些文章所反映的「教育」就好像我常常說的，實在是非常「個人」的，不應該把它們完全推給臺灣大學。所以最後只能用我個人的名義來出版。

這本書不是學術論文集，但是對於一般大學生（更不用說中小學生），它是很難讀的，畢竟它是一個學者的作品。我是一個右手寫學術論文，左手寫雜文的匿覓（Mneme，希臘神話司記憶的女神，是九個繆思之一），所以堆積了很多的人事地的名字。這是寫作的習慣使然。但是如同我在書中引述的薩洛維校長（耶魯大學）對大學新生的鼓舞一樣，我是從學習作一隻狐狸開始；自得於廣汎的知識，然後慢慢追求哪一件最大的知識（就當作是真理吧）。

從臺大的日子開始，我就覺得廣博的知識是教育的基礎，其次才是明辨，也就是說能用批判的訓練來選擇正確的知識和判斷。再次才是去問權威。最糟糕的莫過於是去問不是權威的威權人士。我說這句話是放在人類對於宇宙人生的種種知識究竟是從何而來的這個大問題。我在上研究所時，教我西洋思想史的包默認為西洋思想史有五個大問題（上帝、自然、人、社會、和歷史）。這個是非常重要的反省，因為知道我們要在宇宙世界裡面過安定和幸福的生活，那麼一定要發展出可靠的方法來分析、瞭解、或參透這些知識，缺一不可。近代的西方思想史反映的就是人類建構方法論的努力，惟其有可靠的方法論，人類才可以談獲取真正的知識。它的第一個階段就是確立知識如何可靠：不該只靠上帝或教會的權威。近代以來，人類發現廣汎收集各樣的知識資料的重要性。從此知道要辯證地描述、比勘、批判，以建立一個多數人可以接受的解釋。顯然，博學就是這個知識鏈接的第一環。

當然，對於東亞受傳統中國（特別是儒家）思想的讀書人一定不會同意這五樣東西是宇宙間最重要的問題，至少會覺得他們的比重并不相同。例如上帝或許對東方人來說不是那麼重要，而人和他的社會才是真正有意義的問題。這個可以接受。重要的是如何建立起處理人及社會問題的可靠途徑。顯然地，中國人通常就是認為聖人和聖人的話（「經」）就是絕對有權威的知識。對於這一點，東方人太過自信了。從文藝復興及宗教改革已降，多數的西方知識人已經放棄這種尊重經書（更不用說政治的領袖，師長或父母）的權威以求得知識及真理的想法了。

我所謂杜鵑花城的教育大約不外就是這種廣汎閱讀的習慣，並且相信它是日後堅固的學術或技術知識的基礎。

我後來常常提倡通識教育，也把它和德國洪保德提倡的 *Bildung*（教養）教育相互發明。大約二十年前，台灣（香港則略早）學界對於通識教育興起了以前沒有的關心。這是一個重要的轉折，而我也正好回到台灣，參與了這個發展。我曾經寫了很多篇有關通識教育的文章。在經過了大約二十年吹捧「人文」的口號之後，有相當一段時間，臺灣高等教育的關心轉而支持通識的理想。通識之為名，不外就是廣汎的知識。

當然，廣汎閱讀本身不是教育的目標，而只是基礎而已。下一步當然就是讓這些多面向的種種知識互相為用，好辨明知識的真相、次序、相關性等等。這個是我常常說的批判的態度，它是達到可靠知識的重要途徑。

當然，批判是一個與批判的對象互為依違，或說有辯證關係的過程，因此批判的態度本身還會隨著批判對象的改變而改變。持批判的態度固然是很好，但是并不是每一個人都能把那種辯證的過程處理妥貼，能做到當他批判的對象改變時，也跟著修正他的批判方法或途徑。這個潛在的困窘是阻擾人們獲得真知的絆腳石。能夠越過合理的程序而克服這樣的絆腳石的人，他就必須具有特殊的才能。在我看來，這種才能應該與所謂的魅力（charisma）很相近，可以用來說明為什麼許多有魅力的領袖可以通過超越理性的方法來影響時間的腳步和方向。慧皎說「非才則言無可取。」在我看來，這正是講不出道理來的情況。的確，很多時候我們必須依賴一種超然的恩賜（charisma 的原意；也許也可以說有上天給我們的啟示）來克服暫時的迷茫。並不是所有的知識都是用簡單的理性就可以處理的。

以上交代一下我思想的方法。它在相當的程度上反映了我的書名所用的「聲辯才博」四個字的特色。本來聲辯才博是用來形容講解佛經的倡導師的工作內容和條件，但是我覺得它用來說明知識人的特質也非常合適。其中的辯、博和才上面已經說了。現在用我思想所標榜的理想來說明我揭示聲這個字的意義。

我認為廣汎的知識和建立一個與不斷演化變更的知識之間的辯證關係，這兩個工作之間，無非是要把握知識的動態真相，用超過單純理性的魅力來控制知識「有時而窮」的窘境。這就是近代學者追求知識的形象。同時，我認為還有一個常常被忽略的特色，那就是學者們一般都相信一切的知識都有它的美的性質。我在書中多次談到「美」：偉大的歷史作品必然具有美麗漂亮的文字特性。我也說過真理常常會表現在很簡明的公式上面，事實上，我簡直認為美是所有知識的必要且充分的特色。

這就帶我們進入所謂的「聲」的境界。慧皎原來對「聲」的說法很簡單，在一個大多數人還都是文盲，沒有讀經能力的世界裡，人們一定必須依賴經師朗讀和闡釋來瞭解信仰的內容。如何用聲音的抑揚頓挫、儀式的設申會興來演繹經義，這是對真理的無上禮拜。我在書中也兩次提到中國因為佛教的傳入而發展出氣派宏遠而程序周全的演講技術。所謂的「聲」指的就是這樣的境界。

所以我選擇了聲辨才博作為追求知識乃至於真理的方法和理想，是值得讀書人充分憧憬的指引。這四個觀念原本是對僧人講經的儀式的簡單描述，歷史上很少有人引述它。到了敦煌學問興起，這才有人注意俗講和倡導的重要性。我在思考中國教育傳統時，不時談到演講的重要性，其實就是受到它們的影響。從更為廣濶（例如知識的追求）的角度來看，聲的方法（及理想）卻能幫助我們演繹出人類知識活動的詩篇。

讀者們只要讀幾篇這本書的文章，一定會馬上發現我對古典自由主義最為認同。這一點我幾乎完全可以不必在這裡覆述，書中已經表露無疑。其次，我對於歷史的學術最有興趣，甚至於可以說是最有心得。收入的文章多半是談歷史的「知識」。我膽敢說，歷史幾乎是人類展現他們對抗真理的具體，而且不間斷的過程。為什麼這麼說呢？我上面說我追求知識遵循的是一個有一定理性的程序，目標是為了規劃美好的人生，用它來指導我們與人以外世界的交流和互動。然而，歷史是人自己造出來的，歷的現實卻常常與人類全體共同的理想相互牴觸。我完全相信歷史充斥了人類「背叛」理性準則的行為。把它們如實地寫出來，用感人的文字以及能讓讀者共鳴的筆法次序地交代。這個是歷史學術的核心任務。

最後，我應該指出，教育是我最中心的關懷。書中我屢屢談到學生運動和它們的歷史意義。教育的目的是養成學生博學的習慣，並進而能「審問」、「慎思」、和「明辨」！但願讀者能參與一同建構現代學生的知識內及知識外的終極而統一的理想。進一步說，雖然我再三強調理性的知識，但是我也瞭解：許多不屬於「狹義理性」的方法和程序也可以幫助我們證成真理。在通識教育裡面，音樂是不可或缺的一環。我對於音樂沒有研究，但是卻喜歡讓音樂變成我生活當中積極的一部分。我缺乏正確（更遑論典雅）的文筆來敘述如何可以達成這個理想，但是對於熟悉的樂曲，我對於它們的寫成，流傳的歷史，卻常常有莫名的感覺，渴望能把它們當成完美的知識。的確，知識最後的形狀應該是流動不拘、上下跳躍、發而中節的表現。教育的終極目標不正就是如此麼？

在過去十多年中，我曾經得到很多朋友的幫助及指教，我無法盡列這些朋友的名字。只能在這裡表示對他們全體的感謝。不過臺大校友雙月刊的編輯林秀美女士一定要提出來道謝。她好意安排讓我替校友雙月刊寫文章，讓我覺得我寫的文章居然還有人讀，而發展出一種公共知識人的自我認同，並且一寫就十多年。非常感謝她的負責和鼓勵。

也謝謝幾位推薦這本書的朋友們。他們是我生命中的貴人，是時刻鼓勵我的忠誠摯友：古偉瀛，吳密察，林健男，孫康宜，陳耀昌，陳力俊，關子尹。希望我的文章和思想還與他們的識見與期待相符。另外，我當然必須不忘謝謝商周出版的編輯人員和美工，特別是林宏濤和梁燕樵兩位。他們的犧牲和鼓舞才能成就這麼一本難得的出版品。我相信讀者們都跟我一樣，欠他們從心底出來的感激。

李弘祺

二〇二二年三月二十四日於台北

作者與海（1964夏天）

CONTENTS

輯三：讀書

輯四：學習

輯五：音樂

輯一：臺大

臺大和我：一些雜憶

我在民國五十三年進入臺大。由於我是那一年聯考的榜首，所以學號是「531301」。這個號碼我當然永遠不會忘記。放棄在成大繼續讀電機的機會，這在當時人的看法是很難接受的事。尤其成大那一班電機出身的同學現在在台灣都有輝煌的成就，例如台積電的曾繁城便是一個例子。所以我當時的決定的確很具有爭議性。由於考上「狀元」，所以我相信造成了一些轟動；特別因為我是從電機系轉到歷史系去讀書。

我從中學時代便聽說臺大具有自由的學風，教授和學生一向敢於同政府作對。傅斯年（1896-1950）是大家常常提到的例子。可惜在民國五十年代的臺大，這樣的精神已經不容易看到。我從小便被教導不要亂講話，不要涉入政治，不要參加任何讀書會或有爭議性的團體。所以我連殷海光（1919-1969）先生的課也只敢偷偷地去旁聽，但是由於在臺大，認識我的人太多，所以我聽了幾堂之後，就不敢再去了。即使是我先前很喜歡的李敖（1935-2018），我也沒有什麼勇氣要同他認識。那時候彭明敏（1923-）教授剛被捉去，他是我們家老早便相識的人，我從小便聽說他的許多事情。他被捕了，雖然很多人都十分同情，但我是連提起他的名字都不敢。只好乖乖地選擇做一個聽話、不惹事的學生。我畢業後一年，殷海光先生也停止到臺大教課了。這是當時的氣氛。

臺大的學生資質出色，這是它成為台灣最好的大學的一個重要原因。但是為什麼臺大可以吸收這麼多的優秀學生？我想這是拜聯考之賜。聯合招生考試可以達到表面上的公正，讓臺大成為台灣所有大學的龍頭老大，這個是我們臺大人所一致喜歡的事。不過，臺大難道樣樣都是第一？聯招實行了這麼多年，多少造成了這樣的情形。在我們當時，成大還算是一個相當不錯的大學，有很多科系可以和臺大相比。誰知三十年下來，這種情形已經徹底打破。現在很多人懷念聯考，如果從公正性和臺大自己的立場來看，那麼當然會覺得從前的聯考是很好的制度。不過，我倒是認為多元發展才能使其他的大學有機會繼續進步，繼續與臺大競爭，幫忙訓練出各色各樣的英才；

同時它們也可以督促臺大不斷地繼續謀求進步，不會因自大而不再長進。我是聯招制度下的受益者，照說應該替聯招辯護，但是自從我離開台灣，到美國讀書、成家、生子，教養他們之後，漸漸覺得一個國家會偉大，正就是因為它能培養出各色各樣的人，使每一個人都得能發揮他們真正的長才。事實上，也只有這樣的社會才能充分保護那個社會裡有專才而必須特別照顧的許多個人。這樣的心路歷程是我這個學教育史的人的一個寶貴經驗。我總是主張應該鼓勵每一個學生充分地追求他們的夢想；我也常常說臺大應該設立藝術學院。這正是因為在藝術的創作裡，我們才能孕育出敢於面對宇宙、人生和世界的許多寶貴的、創新的、形形色色的、有獨特性的見解。臺大的學生都有成為出色的人的潛力。他們需要的就是敢於站起來，說他們是一群會做夢、有理想的一個個獨立的個人。

我到了臺大，很快便見到了歷史系許多久聞其名的大教授，像姚從吾（1894-1970）、方豪（1910-1980）、夏德儀（1901-1998）等人。當時沈剛伯（1896-1977）先生還在世，擔任文學院的院長。大家都知道他的學問很淵博，講課娓娓動人。但是我到頭來最接近而受影響最大的卻是年輕的許倬雲教授。當時許教授剛從芝加哥大學回來。

他受到充分的社會科學的訓練，重視社會背景對歷史事件的影響。許老師雖然先天「殘廢」，但是他憑著驚人的毅力，歷經多次的開刀，終於可以扶杖而行，甚至於讀完博士學位。我是佩服得不得了。我覺得他的眼光和識見是近代所難覓。他除了教我們上古史之外，常常與我們上下四方地談各樣事情。政府的措施如果有不合理的，他也敢公開批評。在當時的氣氛之下，這的確是很不容易的。他又積極努力讀各樣的書。有一次我去看他，他正在讀杜斯妥也夫斯基（Fyodor Dostoevsky, 1821-1881）的《卡拉馬助夫兄弟們》。那時他應該已經過了四十，研究的志趣和方法也已經相當成熟、定型，但是他卻在讀這麼一本主要是年輕人才讀的小說。這的確很不容易。

由於許倬雲的影響，我對社會學或人類學的方法產生相當大的興趣。我和李亦園（參看本書頁 270）老師關係維持了數十年，主要就是這個原因。李先生是人類學系的年輕教授，開了一門「原始宗教」，我去聽，知道人類社會自己的關心以及他們的社會制度都會在他們的宗教反映出來。這一點讓我受用不盡。李老師講課清楚而有條理，所以我得益很多。他對學生十分親近，視之為朋友，我與他在一起時，那種感覺就正好可以說是「如沐春風」。

歷史學當然是一門很不容易的學問。當時老師們的方法大約不外研讀第一手資料，做文字的比較或初步的考證，然後寫一些不關痛癢的結論。當時社會貧窮，臺大也沒什麼書，談不上有什麼研究。大家研讀外文的機會和能力也都十分有限，加上民族主義思想作祟，認為懂中文的人當然要讀中國歷史，用不著知道什麼外國的方法論，所以識見很有限。不過歷史系在許倬雲的領導下，還是積極開展了相當的局面。我記得當時讀的文章或書，有很多都對我有很大的啟發。例如「上古史」所讀的傅斯年的〈夷夏東西說〉、〈大東、小東說〉、顧理雅（H. G. Creel, 1905-1994）的〈中國官僚制的開端：縣的起源〉（'The Beginnings of Bureaucracy in China: The Origin of the *Hsien*'）、或者胡適（1891-1962）的〈說儒〉、錢穆（1895-1990）的〈史記地名考〉等文章，至今印象十分深刻。我們也嘗試讀張光直（1931-2001）的《古代中國考古學》（*The Archaeology of Ancient China*）。我後來在耶魯讀書，認識張光直，也算是我學思歷程上的重要經歷。但是我最為折服的是姚從吾先生的〈中國造紙術輸入歐洲考〉。他取了一個筆名，叫做善因。我很久以後才知道善因就是姚老師。〈造紙術西傳考〉是他德國讀書時寫的，內容翔實，論證有力，文筆又十分流暢，讀起來一點也不費工夫，真是佳作。另外，我上夏德儀老師的「史部要籍解題」，也獲益匪淺。他主要是拿《四庫全書》來介紹一些重要的歷史典籍。他也教了一點基本的目錄學知識，介紹一些重要的參考書。這門課對我的史學訓練十分重要，而同時我對中國歷史上的比較重要的典籍也就有了初步的認識了。

學習使用參考書，的確十分重要。臺大雖然書少，但是不可妄自菲薄。我總是學著要善用圖書館。當時研究圖書館還沒蓋，所有的書和閱覽室就都還在舊總圖書館。我在那裡學會查《書評引得》（*Book Review Index*）。好像也是在當時學會了查看《歷史引得》（*Historical Index*）的。這些都是英文作品，比較少人用。我學會用它們，心裡有一種莫名的喜悅。以後我一位在香港的學生提起我對他的最大影響時，其中之一便是我教會他善用參考書。研究歷史的人一定要懂得用參考書。許多人認為歷史很難，因為要記得很多年代。這樣的說法雖然不錯，但是歷史家並不一定比一般人更聰明，能記得特別多的年代。因此他們就需要經常利用參考書。這樣做研究才能廣及更多的原始材料。現在由於計算機發達，許多材料都做成了光碟、可以在網路上作全文檢索，使得研究更為方便，能引用材料的範圍更為龐大。這不是當時所能料到的。

可惜由於當時政治環境使然，臺大沒有系統的開出世界史或台灣歷史的課。我們當時對這樣的事情沒有什麼深思，也不知道如何解讀它長期會造成的結果。今天，許多人要讀台灣歷史，有輕視中國史的現象。這樣過分的反動固然不好，但它的確是過去政策偏頗的結果。一個沒有開放的傳統、不能讓人自由競爭的社會，它長期積累的成果往往就會在瞬間被徹底消除。今天在台灣，中國史的研究當然應當放在新的東亞的變局裡去探索，過去的中國史觀，不能從東亞整體的脈絡去思考，它們很快會被新的思潮所取代。

我離開臺大已經三十多年，雖然常常回來，但是今年比較特別，回來得久一點，並且參與實際的研究行政工作。在椰林大道上，朝著新總圖騎車，那種感覺仿佛回到了當年的情景。臺大是我成長期間非常重要的里程碑，雖然以後我在耶魯讀書，在香港和紐約教書，閱歷和思考也都繼續增長，但是如果不是臺大給了我那些重要的基礎，那麼我對於什麼叫做「人文」、對於「後現代」、「全球化」等等觀念，以及對傳統中國教育史的許多反思和了解便不會有今天的把握。

臺大，我愛您很深。

臺灣大學總圖書館。
圖片來源：wiki by Kai3952

當前高等教育的歷史反省——為臺大九十周年慶而作

今年是臺大建校九十周年，作為一個研究中國教育史的學者，我一方面為母校感到高興，另一方面覺得我對母校前景有很多的感想，值得提出來讓當前正在經歷嚴重困難的母校作為思考的參考。

從洪保德說起

西方的大學源流很長，但是到了啟蒙運動的時代，卻已經衰落，一八〇〇年，洪保德（Wilhelm von Humboldt, 1769-1859；也常翻譯為洪堡）受命建立柏林大學。那是啟蒙運動的價值（民主、自由、理性、進步）傳遍歐洲的時代，洪保德提倡德國傳統主張的教養信念：古典文藝的傳承、自由心靈的開放、高尚品格的陶養。德國傳統上稱之為「Bildung」，它與一般傳授專門知識的「Erziehung」是不同的。「Bildung」的教育受到很多思想家的推崇，終十九世紀，重要的教育思想家無不呼應，甚至於乾脆主張大學應該以人文社會學術（古典文學、歷史、哲學、藝術，以及稍後發展的社會學）作為基礎的學問，凡是由國家支持的高等學術機構都應該提供這樣的學問。洪保德所提倡的教育內容其實繼承了西方中古的自由學藝（Liberal studies），教的是神學、法律（宗教法與一般法），哲學，醫學和藝術等科目，加上其他的一些基礎課程（例如邏輯、算術等），並引入文藝復興之後興起的古典學術，而價值則來自啟蒙運動：理性、自由、自然法等。

到了德國統一（一八七〇年），國勢如日當中，洪保德的理念影響更為深遠。例如劍橋大學第一任近代史講座（講座制度就是模仿德國）艾克頓公爵（Lord Acton, 1834-1902）便鼓吹要學習德國的史學。美國的霍普金斯（Johns Hopkins）大學更公開標榜是師法德國的制度。二〇〇四年，我在臺大擔任東亞文明研究中心主任（現在高等人文研究中心）時，曾經邀請一位芝加哥大學的古典學教授錢德勒（James Chandler）到中心演講，我告訴他說我們的文學院就座落在校長辦公室的正對面。他馬上就說這是洪保德教育哲學的影響。可見台北帝國大學建校時，日本也師法德國的教育理想，至少校園設計就是如此。一九四九年，東京大學在矢內原忠雄（1893-1961）領導之下，把戰前的第一高等學校校區改設為東京大學的教養學部。他的「教養」思想有很大部分也還承續所謂的「Bildung」理念。相同地，蔡元培（1868-1940）早年在德國萊比錫大學讀書，當然也深受洪保德的影響。二〇〇九年萊比錫大學慶祝創校六百周年，有蔡元培的特展，特展的名稱就是「蔡元培，中國的洪堡」。在這裡也應該提到林攀龍（1901-1983）先生。他早年兩度遊學歐洲，攻讀文史哲學，後來在寫作中也常常提到「教養」。後來他更創辦「萊園中學」，要親自實踐他的教育思想。可惜時代錯誤，齎志以終，非常可惜。

十九世紀中葉以後，美國的文理學院（liberal arts colleges）風行。這些文理學院的教育理想與

創立現代大學制度的洪堡德。Attribution Christian Wolf (www.c-w-design.de)

洪保德以來的「Bildung」就非常相近，這些學校常常設立在偏遠的山林地區，與繁華都市隔離，簡直與中韓等國的書院相似，特色是培養道德，廣汎學習，集中演讀重要的典籍。當然，思想家對自由學藝的人文訓練有所堅持，只是工業革命以後，科技興起，影響社會經濟改型，所以也重視要努力追求兩者之間的平衡。在德國，工程學院隨著發展，比較接近職業訓練，像日本時代的高等工業學校，與專門注重文理學科的大學有別。這個發展也影響全世界。

美國內戰以後，休養生息，需要大量熟練工人，迫使許多中學和大學開始相繼開設工程以及各樣相關的課程。哈佛大學的艾略特（Charles W. Eliot, 1834-1926）校長（專門化學，金屬學）便以建設現代工學院為他最重要的使命。他提倡科學及工業的努力普遍受到肯定，從此美國大學開始走向擔負社會繁榮的責任，而不再以文理學院「學以為己」的自我陶養為唯一的課題。

教育發展與廣義的教育史

研究教育的人一定會注意到在教育學院裡，教育史往往只是談教育制度、課程、及哲學。以我研究中國教育史的經驗來看，這樣的教育史相對很難讓我們看見教育制度與整體文化發展之間的關係。例如本來是教育學者所應該重視的「識字教育研究」，卻落在歷史學家之後。後者因為比較新舊教國家識字率的不同，發覺不同的歷史及教義背景會形成識字率的差異（現在很多歷史家否認兩者有太大的差距），這才注意識字教育的研究。歷史學是自由學藝的重要一環，教育學是二十世紀才成立的專業。兩者的傳統當然不同。

上面說艾略特對工業教育有重要的貢獻。這一點正好說明他能利用他的校長職位以及傳統的「教養」教育來促成十九世紀下半的改革。他的工作及文字能為廣汎的讀者或大學生讀到，遠遠勝過在教育學院的傳播。他的自由學藝訓練，是他能向廣汎的知識人發聲的基礎，因為他知道那些願意讀他的文章、聽他的演講的人都有廣汎的基礎知識及訓練。這些人能在政府及社會作出具體的影響。可見廣汎求知的文理學院教育的重要。哈佛大學另一位影響力很大的校長是科南特（James Bryant Conant, 1893-1978）（化學）。他把哈佛大學打造成一個現代的研究型大學。這種新方向影響及於全世界。然而，大家必須記得：高等教育的重任一向都在鼓勵學生必須持守生命的理想，並培養領袖的特質，領導社會繁榮的工作。因此哈佛大學（其他像耶魯、普林斯頓也一樣）繼續維持文理學院的核心地位。二〇一五年哈佛大學全校的發展基金總額為三百七十六億，其中文理學院有一百五十四億，佔四十一％；醫學院次高，有四十二億，僅佔十二％，排第二。因此文理學院在學校發聲的力量也最大。十年前薩默斯（Lawrence Summers）（經濟學）被逼辭職，其中很大的原因乃是因為他得罪了文理學院的教員。大學校長真不容易呀！（附帶說一下：從一九五三到二〇一八年的五任哈佛校長中，有三位被逼辭職。）

西方大學教育的成功，除了科學研究出色之外，當然就是傳統自由學藝所建立起來的根基：差不多所有的出色領導人都是這種訓練下的產物。一個社會除非是被專制政府或金權黑道所控制，不然任何人想要領導社會，他就必須直接訴之於社會上面受過教育（特別是高等教育）的人。大學校長代表的是社會的清流，那就更應該如此。

西方教育史的內容會反映文理學院的發展。一個大學校長必然要有教育史的訓練，這樣才能用廣闊的視野來思考教育問題。一個偉大的將領可以不對戰史有精深的知識嗎？一九九二年我曾與哈佛大學前校長普雪（Nathan Pusey, 1907-2001，英國文學）

共同出席一個有關香港前途的座談會（中國基督教大學聯合董事會〔United Board of Christian Universities in China〕主辦），他對我講到各院系參加會議的感受，使我深深覺得如果他缺乏自由學藝的教育，那麼要管理這麼一個人人都以為自己是世界上最聰明的人的機構，那一定萬般的困難。

「狐狸知道很多詭計，但是刺蝟只知道最重要的一樣。」這句話愛默生（Ralph Waldo Emerson, 1803-1882）也曾引用過。

無怪乎去年九月耶魯大學校長沙洛維（Peter Salovey）（心理學）在致辭歡迎新生時，勸告學生們要做「狐狸」。他引用的是古希臘哲學家的一句「無釐頭」的話：「狐狸知道很多事，刺蝟知道一件大事」。按照二十世紀大思想家柏林（Isaiah Berlin, 1909-1997）的解釋，它說的是看待知識的兩種方法。狐狸型的人總是從處理很多事物開始，他們不強求發展出一套中心思想，而是對各樣的事物保持廣汎的興趣，並體會它們的多面性和繽紛的色彩。刺蝟型的人則

耶魯大學校長沙洛維（Peter Salovey）要大學生廣汎閱讀。
圖片來源：wiki by Y1701

相反，他們有一個中心思想，經常用這個思想來衡量事物。他們有哲學性的思維，會堅持一貫的立論。一般言之，我們當然會覺得應該像刺蝟。但是沙洛維卻主張在大學時務求其博，博而後能通。這看法與東方一般對讀書的看法是有些不同。不過兩者可以互相格義，重要的不外是先要廣汎閱讀典籍（朱熹說是要讀「聖人書」）。沙洛維心中想的當然是自由學藝的教育。哈佛、耶魯的校長，動見觀瞻，他們的決策會帶動世界各大學的風潮。這些學校的發展史就是教育史的中心，而他們大學部的教育當然是歷代教育發展的模範。自由學藝教育的重要性，因此不可言喻。

代結論：二十一世紀教育面臨的挑戰

二十世紀美國的教育領袖提倡工業與大學教育要相互扶持合作。最早是源自所謂的「產學合作」，不過這個名詞已經較少人用，因為它太過強調「生產」，想到的總是煙囪與工廠，對喜歡講究研究的學者來說，很難引起興趣。二次大戰以後，工業轉型，研究勝過生產，於是大學教育的責任也得到廣汎的重新評估。教育的長期目標又被學生運動所挑戰，唯物主義、極端主義、多元價值、恐怖主義、到最新的人工智慧（最近以色列名世界史家哈拉瑞〔Yuval Harari〕在他的名著《21世紀的21堂課》（*21 Lessons for the 21st Century*）這麼說：「電腦已經把財政系統弄到沒有人能懂了」！）都變成了教育政策要處理的課題。

那麼如何來面對它們呢？

在我看來，空前複雜的世界正在嚴重地衝擊大學教育的傳統和理念：產業界對大學的需求日益增加、大數據的應用促成了單一化的生活、並激烈改變民主的秩序、電腦技術逐漸控制人的思想，而互聯網可能打破傳統的教室及講堂等等（今天賓州大學剛剛宣佈不用上課就可以讀完它的電腦學位），這些問題正不斷地煩惱著大學校長。我的文章已經寫得太長，不在這裡討論，希望後來再有機會討論。但是我希望提醒大家，既然大學自命是「高等教育」機構，那麼它就應該繼續擔負起責任，訓練「風動草偃」的領袖，應付當前台灣面對的挑戰。大學能訓練專業人員那當然很好，建教或產學合作都一樣重要（案：產學合作是台灣用來取代建教合作的名詞），但是更重要的是畢業生必須具有領導的氣質和帶領研究及創新的能力。廣汎探索及閱讀所建立的基礎，應該可以幫忙受過高等教育的知識人在面對多元複雜社會及其歷史的時候，勇敢地站起來，而且應付得遊刃有餘。

——二〇一八年十月九日於紐約華萍澤瀑布

輯二：歷史

什麼是偉大的歷史著作？

歷史研究最重要的責任和目的一般都是求真。這個說法並沒有錯，但是為什麼要求真？這才是根本的問題。事實上，研究歷史，目的就是希望能對人類的未來，做出更完美的規劃，幫助人們創造更為光明的前程。要這麼做，歷史當然必須是建立在可靠的事實基礎上面。因此，歷史求真的意義就是為了使我們對未來的憧憬有一個更可信賴的根基。也因此，人類寫了許多偉大的歷史著作。然而，什麼是偉大的歷史作品？這卻不是一個容易解答的問題。很多學歷史的人可能對它也不甚了了。就是有一定看法的人，他們之間的觀點也往往人言人殊。這個問題有一個真正的答案嗎？今天我就是想就這一點做一個分析，同時提出我自己對什麼是偉大的歷史作品這樣的問題的個人看法。

有一點是大家都會同意的，這就是偉大的歷史作品在它剛寫成出版的時候不一定馬上引起人們的注意。這是我們都知道的事，也是讀歷史的人最大的困窘。雖然各位不一定都是學歷史的人，但是我們每一個人都會讀歷史的作品，逃不掉讀歷史書的命運。並且應該說，沒有人會否認讀偉大的歷史作品是人生裡十分重要的責任，也是一件很值得享受的樂趣。

反映時代的精神和關心

例如錢穆的《國史大綱》，它反映了那個時代的人對中國歷史的崇敬和想像。錢穆的書最大的特點便是民族主義和愛國精神。也許今天的台灣人在我們的時空一點也無法感受他那種關心，因為今天的台灣，沒有太多人能同情、理解他所提倡的中國是世界上最偉大的民族，和中國歷史是世界上最偉大的文明了。事實上，我們根本懷疑為什麼這樣一個偉大的文明會創造出像共產黨或舊的國民黨那樣的政府。在這種情形之下，一本稱頌中國文明和精神的歷史已經失去了它的客觀性和吸引力了。我們自然很難認定錢穆的《國史大綱》會是一本偉大的歷史著作了。然而在當年的中國，錢先生的書當然是一本重要而偉大的歷史著作。

相同地，寫於拿破崙軍隊兵臨城下的《告德意志國民書》（*Addresses to the German Nation, Reden an die deutsche Nation*, 1806，由費希特〔J. G. Fichte, 1762-1814〕所著），這本書也曾經振奮了當時德國的國民，雖然當時，德國還沒有統一，但是使用德文的人們已經開始有「民族國家」的觀念和自覺；開始覺得德國人有他們自己的美好文化和歷史，並不比被暴民推翻的法國的文化遜色。以前德國受教育的人以能用法文寫作交談為榮，現在他們覺得這現象很慚愧，於是開始提倡用德文交談，用德文來寫他們自己的歷史，好締造德國的認同感。在這樣的氣氛之下，拿破崙的入侵當然引起日爾曼諸邦起來奮戰。《告德意志國民書》在這樣的歷史環境裡，自然能激勵當時人的決心。雖然這本書不是一本嚴謹的歷史著作，不過，我們可以用它來代表一本能反映時代精神的著作。我們知道近代民族主義的興起主要的理論是在德意志的地區發展出來的。簡單地說，德國人認為國家是自然和歷史的產物。所謂自然，它指的是人類生來就免不了的生存條件：他所依賴的最根本的、不可避免的環境，在自然條件方面，就是山川物產這樣的東西。就歷史條件言之，人類生來便屬於一個逃避不了的群體，這個群體以血統和語言為要素。它是這個人生存不可或缺的生命共同體。這樣的東西是歷史的產物。近代民族國家的興起是這兩個自覺的揉和而形成的。人類屬於一個他所認同的共同體，自然的會覺得自己的生命和價值都與這個共同體息息相關。同時把自己的歷史投射在自然環境上，覺得自己的鄉土永遠是最美好的，很難讓自己接受別的山川歷史。同一個共同體的人們的活動於是創造了這群人的文化，在一定的空間／土地上面持續成長，並一代一代地繼續滋養這團體的生活條件和性格。從此而發展政府，用它來保護和維繫共同的關心和生活的理想。一本重要的歷史書自然地會表現出這個共同體成員的精神和價值。一本偉大的歷史著作很少沒有反映出這樣的精神和關心的。

蘭克。

上面說的民族國家的信念在十九世紀的德國發展特別成熟，因此日耳曼民族訓練出來許多重要的歷史學家，他們多以擅長敘述德意志的歷史而聞名。蘭克（Leopold von Ranke, 1795-1886）便是以《羅馬與日耳曼民族的歷史》（*Geschichten der romanischen und germanischen Völker von 1494 bis 1514*）成名。這本書奠定了他的聲譽，到他死時，這本書已經一再修訂和增補，變成了長達五十四卷的全集。以後還有許多德國史家踵續蘭克的志業，把闡述國家的歷史當作是歷史學的中心任務。

但是蘭克的重要性不只是在他的求真精神，更是因為他把路德教派的信仰提升到以前人們沒有想到的層面。我們都知道：德國的文學和德文的運用都是馬丁路德（Martin Luther, 1483-1546）奠定的。路德所翻譯的《聖經》是最早的德文作品之一，德國人很多都是路德派的基督徒。因此一本像蘭克的這種書很自然地成了人人可以共鳴的作品。這樣的書，讀者很多，大家受它的影響，當然就傳佈很廣，變成了偉大的、人人讚不絕口的名著。

相同的，十八世紀英國的休謨（David Hume, 1711-1776）寫了《英國史》（*History of England*）成為名著，以後馬考萊（Thomas B. Macaulay, 1800-1859）繼續寫成《詹姆斯二世登基以後的英國史》（*History of England from the Succession of James II*），也成了凝聚英國人崇尚英國傳統和「價值」的重要著作。英國是經歷宗教改革和清教徒革命的國家，因此對宗教的熱誠幾乎是瘋狂。到了休謨的時代，人們已經普遍感到厭煩，開始覺得英國的基本立國精神應該是在於結合各色各樣不同的價值和信念的決心和能力，而不該過分讓宗教的熱誠支配生活。因此他認為支持革命的自由派的觀點不可以作為支配英國文化的唯一動力。這種反輝格（Whig）派的觀點雖然和我們今天的想法有點出入，但是由於這是當時普遍的看法，所以能引起當時人的同情和共鳴。

接續他的馬考萊，他寫作的時代是英國帝國發展的高峰，他主張英國當時的種種成就是全人類都應該憧憬並努力模仿的對象。這樣的態度反映了當代英國人（特別是中產階級）的自信。也怪不得人們認為他寫出了十九世紀英國人的心聲，是偉大的歷史著作。但是馬考萊寫了五卷，也不過只涵蓋了十七年的歷史，嚴格地說，這樣的歷史應當不會是什麼好的歷史，但是讀它的人卻非常的多。馬考萊相信歷史寫作的目的就是要教育大眾。他的文字優美，提倡的正是當時最具影響力的自由派思潮，因此洛陽紙貴，成為空前未有的巨著。讀他的書的人感到他們的理想在書中得到了充分的鼓舞和贊許，因此就使它更廣為流傳，成了人人談論的偉大作品。

但是，並不是所有偉大的歷史著作都只在歌頌自己國家或政府，有的是對自己的國家做出十分嚴苛批判的。事實上，對時代精神的反映並不一定必須限在國家的這個範疇。例如明末的遺民王夫之（1619-1692），他寫的《讀通鑑論》和《宋論》，或者黃宗羲（1620-1695）嘔心瀝血所寫得的《明儒學案》、《宋元學案》都充分地把亡國之痛表達出來，它們反映的是當時人的真正感情，因此他們都成了非常傑出的歷史家。不會有人懷疑這些作品是偉大的作品。與他們大約同時的顧炎武（1613-1682）也是一個很好的例子。顧炎武的《日知錄》表面上看來，只是一本嚴謹的、考證的書，但是它的精神在於實事求是，正好反映了明末思想家在思想上的自覺。他們渴望從陽明心學的末流解放出來。他的這本書因此立下了治學上面的一種典範，影響了當代人以及其後兩百多年的學風。《日知錄》果然是一本能充分反映當代思潮裡，求變之心的書，它更是一本用最細膩的考證把當代人對歷史方法的反省徹底地加以發揚的一本偉大的著作。

以上所舉的例子都是比較明顯的、反映時代精神的作品。但是有的史書不帶濃厚的感情，令人讀來不會覺得熱血沸騰，或者不會令人感到哀怨悲悵，但是它們仍然成了偉大的作品。這是因為他們一樣反映了時代的關心和精神的需求。吉朋（Edward

Gibbon, 1737 -1794）的《羅馬帝國衰亡史》（*The Decline and Fall of the Roman Empire*）就是典型的例子。一般的讀者或許會覺得羅馬歷史和十八世紀的英國在時間和空間上相距甚遠，但是，任何人讀這部書的第十五和十六兩章，馬上會注意到他對基督教的描述充分的反映了啟蒙時代的精神。這兩章特別有名，原因就是因為它們的精神和當代的宗教思想若合符節，能把時代的信念用最嚴肅而理性的文字表達了出來。

反映國家（共同體）人民的需要和他們對自己的認同

我認為一本偉大的歷史作品，它一定要反映國家人民的需要和他們對自己的認同。上面所提到錢穆的《國史大綱》除了它能充分地反映了中國人在一九四〇年代的感受和關心之外，更因為它和當時中國人的民族精神形成共鳴。當然，時代的關心和民族的精神不能完全分開，因為「國家」或「民族」是許多歷史作品的基本單位。但是國家和民族這兩個詞，事實上是到了十九世紀才變得重要；例如中國人從前只有天下的觀念，而沒有現代的國家觀念，即使在宋末或明末，他們對蒙古人或滿洲人的排斥或仇恨也是站在文化上的立場，頂多只能說他們用的是種族的觀念來籠統表述他們對「外族」的仇恨。每一位歷史學家都很難逃避「民族」、歷史和傳統對他的影響，而這個影響很自然地支配了他的識見和判斷，也很自然地左右了他的關心。所以雖然在二十世紀後半，西方興起了許多批判國家觀念或民族主義的論述，出版了很多的作品，但是仔細讀這些作品，便會發現他們關心之所在還是離不開「國家」。他們所觸及的材料大多還是以國家作為範圍。

我在這裡必須澄清一點：我不是要在這裡鼓吹民族主義。事實上，我是最反對民族主義的，即使我自己免不了會因為我是一個台灣人而常常有偏愛台灣的特點，但是我至少在意識上，絕對是認為這樣的偏見是不應該的。所以，我完全沒有意思要在這裡提倡民族主義。

但是我們不能否定的是偉大的歷史作品一定會反映它的基本讀者群的關心和認同。這個認同的單位很難不是國家或民族，只是如上面所說，這個單位是廣義的單位。有些人以自己的城市作為寫作的對象，因為他們的認同是跟著這個城市的。例如古代的希臘，他們的認同顯然是自己的「城邦」。我們把雅典或斯巴達稱為「國家」，這是因為伯利克理斯（Pericles, 495- 429 BC），或者修昔底德（Thucidides, ca. 460-400

BC）或者許許多多的雅典作家、歷史家、劇作家或思想家都是以雅典作為他們認同的對象，而相對地說，希臘反而只是一個地理名詞。這種情形在中古以降的意大利也是如此，所以梅特涅（Metternich, 1773-1859）譏笑說意大利只是一個地理名詞而已。文藝復興時代的馬基維利（Machiavelli, 1469-1527）寫的《佛羅倫斯史》（*History of Florence*）也反映相似的信念。《佛羅倫斯史》流傳了相當久，讓我們今天得以看到當時人對自己故鄉國家的看法和感情。今天，佛羅倫斯已經不是一個國家，但是在中古末葉，意大利不是一個國家，馬基維利的認同是在他的城市，所以他的著作很自然地以佛羅倫斯為單位，這樣當然引起當時人的喜歡和接納。

與馬基維利同時的貴奇迪尼（Guicciardini, 1483-1540），他也寫有一本《佛洛倫斯史》（*History of Florence*）。但是這本書沒有完成，所以未能引起重視。另一方面，他也寫了一本《意大利史》（*History of Italy*）。坦白說，這本書出來時，沒有引起重視，主要是意大利人在當時對整個意大利還沒有關心和感情。這本書引起重視是在十九世紀的末年，由於蘭克的鼓吹。歷史學者這才開始討論為什麼貴奇迪尼在當時要寫這本書。蘭克這麼做，當然是因為十九世紀是民族主義極為發達的時代，意大利也正在鼓吹統一。當貴奇迪尼寫《意大利史》時，有興趣的讀者實在不多，所以他的著作沒有受到注意，要到了十九世紀它才成了人們注意的對象。現代的西洋史學史家布雷薩克（Ernst Breisach, 1923-2016）引述十九世紀以來的學者，說貴奇迪尼的這本書，雖然精於考證，對一些事件或人物的描繪十分動人，但是缺乏「整體感」（wholeness）。我相信這裡的「整體」指的應當是意大利這個「歷史的單位」。我相信貴奇迪尼大概是沒法了解意大利是一個什麼東西。既然如此，他的書也就稱不上偉大了。

說到這裡，我們馬上想起春秋時代的許多歷史本來也都是「國史」。《春秋》一書便是魯國史。這是大家都知道的事。對孔子來說，周室的衰微固然是他關心的所在，

貴奇迪尼。

但是他顯然認為魯的讀者才能真正同情他的關心，而同時我們也可以想像魯大概保存了大量周室的典章制度和禮儀，《春秋》如果不是魯國史，那麼它就可能湮沒無聞不能流傳，更不能成為中國和東方文明裡最重要的歷史典籍。

用國家做單位來寫歷史，那麼這個沒有比德國人的成就更高的了。我在上面說到蘭克已經具有相當程度的民族意識，但是它真正的偉大乃是能把日耳曼民族的新教精神，也就是馬丁路德的新教教義和信仰，拿來和日耳曼人的命運結合在一起。他以後的德國史家，像特雷茲克（Heinrich von Treitschke, 1834-1896），朵伊森（Johann Gustav Droysen, 1808-1884）等人，他們的作品便充分地顯示出他們對德國民族和大地的熱情和認同。事實上，近代歷史學的發展的確跟十九世紀德國追求建國或統一的努力是分不開的。當時的德國人鼓吹日爾曼民族的文化經驗，希望從法國文化的枷鎖解放出來。但是他們追求建國的努力，雖然締造了十九世紀末和二十世紀初德意志這麼一個強大的國家，但也帶給他們和人類全體很大的悲劇。歷史這門學問因此也常常是人們想要發揚民族或國家的榮譽下的悲劇副產品。

我在上面已經講過，近代國家觀念在中國原來是沒有的，但這並不表示中國不曾從很早的時候便有他們作為一個共同體的認同。事實上，從很早開始，中國人的歷史便是站在所有「文明人」的整體來寫作的。《左傳》如此，《史記》也是如此，《資治通鑑》更是如此，也因此會產生「正統」的問題，因為《資治通鑑》用魏做正統，引來朱熹（1130-1200）批評說，居然有「某年某月，蜀入寇」這樣的記載。

朱熹的批評很有意思。顯示出中國的文字和語法本來就是受到一個天下便只能有一個國家、一個正朔這樣的觀念的支配。在這種情形之下，只有正統國家的歷史可以寫，其他的「國」，由於它們不是正統，不僅不許有自己的歷史，就連在人類全體的「天下」的歷史裡，它們也矮了一截。它們只能當作是正統歷史的一個「載記」，甚至於「霸史」，附帶寫上一筆就是。

傳統中國的史觀因此把天下當作是一個「共同體」。天下的歷史就變成了一個共同體的歷史。中國偉大的歷史作品有如司馬遷（公元前145-?）的《史記》，或一般所說的《四史》：《史記》、《漢書》、《後漢書》和《三國志》。這四本書都是現代中國人可以驕傲的歷史作品。但是最重要的是它們是以讀者所想像的共同體空間為單位來寫成的。它們可以不用反映統治者個人的時代感或慾望，但是它們充分地和當代人對時空的想像結合在一起，也就是說，和當時的中國人的價值和信念結合在一起。事實上，司馬遷就表達了他對當權者漢武帝的不滿。然而，這本書對歷史的看法，對中國人的生活理想和傳統的了解，以及它的文字都影響了世世代代的中國人。我們今天用中文的人，想要表達事情發生得很快時，往往用「說時遲，那時快」這句話，它就是出於司馬遷。其他還有很多的例子，顯示出這樣一本書決定了兩千年來的華人的歷史思維，教他們如何了解自己、如何表達情感、如何記憶，如何安排他們所生存的空間。總之，這本書忠實地表現出來漢初中國人對他們的共同體的想像，因此它是一本偉大的作品。

讀者當然要問：那麼《資治通鑑》呢？我認為《資治通鑑》的偉大處是因為它反映了宋代士大夫對中國正統文化的關心。這本書相對於《史記》而言不能算是偉大的歷史，主要是因為它的出發點是要讓君王實現他們統治天下的欲望。它不像《史記》一樣能忠實地、全面地把共同體生活空間的想像或記憶做出貼切的表達。它對一般老百姓，也就是人們全體的需求比較缺乏記載和關心，沒有真正的認同感。職是之故，《資治通鑑》不能和《史記》或《三國志》相比。

相同地，朱熹的《通鑑綱目》更不能算是偉大的歷史著作。這一點不用我多說。因為朱熹不過是修訂了司馬光的正統觀，加進了他的非常濃厚的道德信念和解釋，但是他並沒有做原始材料的收集，所以連一般歷史家所作的第一道工作也沒有。這樣的書因此算不得出色，更說不上是偉大了。

當然，並不是說非要有歷史家的基本訓練和方法不可。上面我提到了一些書，它們的長處不在資料的收集、排比和考證。因此我們不必批評說朱熹沒有做這樣的初步工夫。重要的在於一本著作是不是仍然能反映一個共同體人們的基本關心，能把他們內心深處的嘆息用美好的文字和篇章表達出來。一本偉大的歷史著作最重要的莫過於把人們的認同用歷史發展的故事彰顯出來，使得讀這本書的人能感染到作者那種徹底的，忠實的、動人的、心底深處的感受。

現在有很多人寫台灣歷史，可惜台灣史的研究雖然出版了不少的優秀作品，但是還沒看到偉大的著作。理由很簡單，這是因為許多治台灣史的人，他們對台灣是不是一個「共同體」還不能確定。今天台灣的處境正像狄更斯（Charles Dickens, 1812-1870）所說，是一個「什麼也是、什麼也不是」的時代。這樣的時代其實正是會產生偉大歷史著作的時代，只是目前我還看不到。當然，我絕對不是說一個其他國家或共同體的人不能寫出一本關於這一個共同體的偉大史著。歷史上不乏其人。以古希臘的史家為例：波利比斯（Polybius, 200-118 BC）便用希臘文寫了一本《歷史》（*Histories*）。本書結果流傳青史，成為偉大的著作。波利比斯是一個被羅馬俘虜的希臘學者，他對羅馬能在短短的五十三年之間茁壯成長，變成世界的帝國，這樣的歷史令他十分的敬佩，因此發憤要寫一本書來說明羅馬的興起。結果就是這一本希臘文的有關羅馬憲法的歷史。可見，並不是只有一國的國民、生長在那一國的文化和傳統的歷史學家才寫得出一本偉大的、關於那個國家或共同體的歷史。

運用生動的文字，引起讀者的共鳴

我可以斷言，世界上絕對沒有一篇偉大的歷史作品不是用精采優美的文字寫成的。司馬遷文字的美，這是不用說的了。就是《春秋》這本書，雖然它被王安石稱為「斷爛朝報」，但是它的文字在今天看來，仍然十分出色，事實上，我們應該說它就是中國人乃至於東亞各國人的教育，它告訴我們道德是非的觀念。歐陽修（1007-1072）

就認為最偉大的歷史書不外是《春秋》，而他的標準之一就是《春秋》的文字。相同地，《左傳》雖然有人說它是「相砍書」，但是它敘述完整，文字生動。它對戰爭意義的分析，以及它對道德觀念的發明，都通過璀璨的文字表達出來，吸引著一代代的讀者。它因此成了中國人想像完美的人際關係，或者國邦與國邦之間關係的一本最引人入勝的歷史書。

不過中國文學批評對文字的優美重視的多在於文體，意境和目的，比較少討論文字的邏輯性或可讀性。因此傳統中國史學批評也多重視史家的道德成就和信念（即書法和義例），他的歷史識見，以及寫作的題材，但是比較少重視問題感或文字的表達。因此我們訓練一般學生也通常不重視表達的能力，不重視如何駕馭文字。在西方，情形比較不同。學生從小就學習作文，尤其在英國，老師常常要求學生寫短文，老師逐字修改，目的是要訓練他們能使用簡潔的文字來表達自己的思想。西方的歷史作品可讀性很高；特別是英國的作家們，他們常常寫傳記，因為傳記所需要處理的事件或史實相對的比較少，可以單線地平鋪直敘，引人入勝。一旦能寫通順的散文，那麼下一步便可以寫更為複雜的歷史。

在西方史學裡，以文字簡潔而著稱的，第一個人恐怕非凱撒（Caesar, 100-44 BC）莫屬。凱撒的《高盧戰記》（*Commentaries on the Gallic War*）到了十九世紀仍然是學拉丁文的範本。這是因為它的文字鏗鏘有力，簡潔而一針見血。這樣的文字是《高盧戰記》能名垂青史的根本原因。我每次提到凱撒，總不免想到他講的一句名言：「寫作就像一個水手一樣，一定要避免冷僻或少用的生字，就像水手要避免溪流裡的石頭一樣。」這話說得容易，但是反映了一個令出必行，絲毫不苟且，言而有物的大將軍的經驗。無怪乎他的書要成為拉丁文的教科書。

我上面說英國人對寫作特別重視，也因此出了許多富有文采的作家。上面所提到的卡萊爾（Thomas Carlyle, 1795-1881）便是一個非常有名的例子。他的作品很多。他又勤於寫作，文字璀璨而華麗，用字高奇，但是不失它的流暢性，這是極為不容易的。一般地說，學者常常提到的是他的《英雄與英雄崇拜》（*On Heroes, Hero-worship and the Heroic in History*）。這本書代表了維多利亞時代英國人的自信。或許它不能說非常忠實地反映了當時英國人的普遍信仰，但是由於它言之有物，文采瑰麗，所以吸引了很多的讀者。說它是偉大的作品，一點也不為過。卡萊爾寫作的速度驚人，他的《法國革命》（*The French Revolution: A History*）也是一本膾炙人口的名著；據說，他寫這本書就快完工時，突然家裡失火，把他的原稿都燒掉了。他發憤重寫，居然在很短的時間把那本書再寫了一遍。或許偉大的作品還必須包括勤勞不倦、不畏勞苦寫成的著作吧！

上面所說到的吉朋，他的文華璀璨，據他自己說，當時英國仕女的梳妝檯上都擺了他的書。

另外一位偉大的史家便是十九世紀住在瑞士巴塞爾（Basel）的一位十分安靜、與塵世隔絕的史家。他就是在一八六五年出版了《意大利文藝復興文化》（*The Culture of the Renaissance in Italy*）的布克哈特（Jacob Burckhardt, 1818-1897）。布克哈特是德語區十九世紀史學的異數。他與蘭克大約同時，但是他不像蘭克那樣強調考證，也不像蘭克那樣，重視宗教的力量。他的關心毋寧是人類的想像力所能創造出來的文明和藝術之

布克哈特。

美。在這本書裡，他對人性的尊嚴和價值作了前所未有的肯定。就他的文字言之，由於他對美有著一種執著，所以遣詞用字都特別華麗引人。據說讀他的書的人常常廢寢忘食，與他對人類的想像力和創造力的歌頌感到共鳴，而神往不已。當然，布克哈特因為對藝術和文化的美有無限的愛好，因此他對人類不時會破壞它們的那種邪惡的傾向也感到憂心。他因此反而在稱讚人性的尊嚴之餘，對歷史感到悲觀。他固然憧憬人類的自由，但也感到自由如果缺乏意志力的約束，那麼一定會造成破壞。不管如何，文字的美在布克哈特的作品裡，流露無遺。

以當代英語世界的史家言之，夏瑪（Simon Schama）文字的華麗當之無愧。他出身於英國，在劍橋大學發跡，現在轉到美國發展。他的文字以豔美而高奇為特色，用字雖然深奧，卻行文流暢；一般人或許會覺得不容易讀懂，但是卻富有歷史家少有的那種同情感。他談自然與風景的書好像已經翻譯成為中文。他其他的作品有如《英國史》（*A History of Britain*），《富人的慚愧》（*The Embarrassment of Riches*），《法國革命》（*The French Revolution*）等書也都十分引人。我不敢說他的任何一本書是偉大的作品，但是它們都十分出色，反映了文字的重要性。

當今的美國漢學家當中，以文字取勝的以史景遷（Jonathan D. Spence, 1936-2021）為第一。他寫了很多書，文采出眾，不在話下。他的《追尋近代中國》（*The Search for Modern China*）文字簡潔，流暢明白。但是他的作品當中最能令人感到文字的美的應當是《天安門》（*The Gate of Heavenly Peace*）這本書。人們常說，文字帶感情。史景遷的這本書，當之無愧。

當然，《左傳》、《史記》一類的書，他們的文字精采，不在話下。只是近代中國不太重視文字和修飾，所以我實在舉不出有什麼中文的歷史著作是以文字優美取勝的。半個多世紀前，張蔭麟（1905-1942）的《中國古代史》被認為清新流暢，因此大家都說它好。不過這本書好像現在也很少人提了。無論如何，拿它來代表一段時間的出色的作品應該是當之無愧。不過，這裡應當注意到它在史學史上的意義：張蔭麟代表的是當時的理念：不害怕使用新的文字和觀念來寫歷史。文字是一個變動不居的工具，學歷史的人應該努力不斷地對歷史按照自己的了解提出新的觀點，用新的語言來表達它們。我常常說，今天我們用「社會流動」這個字眼，不會有什麼人覺得這是什麼怪東西。但是在四十或五十年前，這樣一個詞是很奇突的，因為當時大家還不習慣。其他諸如「另類」、「典範」、或甚至於「生命預期率」，它們好像現在都已經成了中國或台灣史學界常用的字眼了。

總之，一本好的歷史，文章一定優美，能自然地、流暢地而富有情感地表達出作者本人對歷史的認識和體驗。它不一定完全用古人或其他史家的用語，相反地，它能不斷地創新，把作者的想法在流暢而優美的文字裡表達出來，吸引人去接受作者的看法。從這個觀點看來，柏楊（1920-2008）的《中國人史綱》豈非也是一本很好的歷史著作，或甚至於是一本偉大的著作？我如果答「是」，那麼一定要引起風波。但是，在學術的自由市場裡，這麼一本書已經奠定了它一定的地位。它是不是優秀或甚至偉大的歷史書，將來還有經過時間和專業史家的考驗和評價，不過以目前來說，我們也不必一定要說它是一文不值。

我在這裡談到了專業史學家。這個觀念很重要，因為歷史學變成一種專業是十九世紀才開始的。中國人說文史不分家，這就是說，從前的史學家基本上也是文學家，所以他們充滿了想像力，發明出皇帝和他的臣子祕密講話的內容，用來達到歷史解釋的目的。這在今天絕對是不容許的事，因為近代史學變成了一種專業，把文史徹底分開。專業歷史家反而無法讓他們的想像力奔馳，這是很可惜的地方。他們更發展出一套評定歷史作品好壞的職業標準。下面就討論什麼是專業史學上面的優秀作品。

達成專業史家的標準

如果從專業史學的標準來看，那麼在我看來，布勞岱爾（Fernand Braudel，1902-1985）的《菲利浦二世時代的地中海和地中海世界》（*The Mediterranean and the Mediterranean World in the Age of Philip II*）最能合乎這標準。這本書，使用的材料之多，可以說是空前，而且整理得有條有理，言而有物。以文字言之，這套大書極為難讀，絕對不吸引人。圖表太多，根本和我們所強調的敘述完全不合。但是它代表的是嚴謹的治學態度和方法，完全合乎專業史家的標準。更為重要的是他極富創造力，把以前的人所不重視的事實用十分仔細的研究來把它們鋪陳出來，從此人們就了解歷史真正應該重視的不必是王公貴族的實際，而應該重視平常人在每一天的、看似不重要、而且也好像總是不變的起居生活。布勞岱爾這樣的識見是以前所沒有人注意到的，他影響了一整代人，因此它的新「典範」自然占據重要的地位。他的《菲利浦二世時代的地中海和地中海世界》因此是偉大的作品，當之無愧。

麥耐爾（編按：又譯麥克尼爾）（William McNeill, 1917-2016）的《疫病與人類》（編按：又譯《瘟疫與人》）（*Plagues and Peoples*）代表的是一種相似的關心。他也帶有深刻的創意，把歷史家對人類歷史本身最基本的關心，和他所體會到的歷史變化的本質作一個非常富有想像力的交代。這本作品強調疾病與人類歷史演化之間的關係。讓人們知道人對自己所生存的客觀環境的控制非常的有限。歷史變化受到自然、環境、疾病的影響十分大。專業的訓練和充滿想像力的眼光使得他能寫出一本優秀、出色的作品。

在近代中國的史學裡，錢穆的《兩漢經學今古文平議》也是一本十分重要的作品。這本書除了專家之外，很少人會注意它，但是它卻是近代中國學術史上重要的作品，讓我們可以從過去讀經的狹隘眼光當中解放出來，知道中國經學的歷史充滿了造假的過程，為了要取信於人，常常偽造證據，捏造或割裂經文，漢代的情形就是如此。錢穆的書就能指出這許多的問題，把清代以來中國學者考證的結果做一個總結。讓我們今天可以站在一個更高而更為開放的立場，對中國經學發展的早期歷史有更為可靠的了解。錢穆對古代的史料掌握十分透徹，他的考證能力也是建築在清代以來中國考證學的高峰，因此這本書是開創新典範的、影響一代人的作品，應該當之無愧。

余英時（1930-2021）的《中國近世宗教倫理與商人精神》我認為也達成了專業史學家的境界，而且富有創意，絕對是一本傑出的作品。我認為他的重要性要過於最近出版的《朱熹的歷史世界》。為什麼這麼說？這是因為余英時的這本書比起他的《朱熹的歷史世界》更富有創意，後者固然是要建立一個在歷史脈絡裡的朱熹，把朱熹當作是一個典型的知識份子，用他的時代來襯托出他的思想，但是畢竟知識份子的努力本來就是中國近百年來思想史的主要典範，余英時把朱熹拿來做知識份子的代表，這當然不錯，卻畢竟算不得開拓一個新的方向。因此從嚴謹的史學的方法論和視野來看這本論朱熹的書，可以認為它比不上《中國近世宗教倫理與商人精神》。

二十世紀對中國歷史學言之，是一個花果飄零、令人鄉愁的世紀。中國正史的傳統已經完全斷絕，現在不會再有人說要寫一部像二十世紀初年的《清史稿》那樣的正史了，甚至於連紀傳體的著作現在也已經被徹底地揚棄。二十世紀的中國人一般採用的史體都是屬於西方傳進來的散文體，以編年的紀事本末方式來寫作。就方法言之，

陳垣。

陳寅恪。

也一定要根據一套邏輯上能站得住腳的方法論或觀點。因此可以說，如果有人用傳統的觀點和文體來著述，那麼他大約無法引起什麼人的注意，更難希望得到人家的重視。但是，如果能兼傳統和現代的長處，把握大量的資料，並用系統的眼光來考量和分析這些資料所傳達的信息，那麼，他一定可以寫出重要的著作。陳寅恪（1890-1969）的《隋唐制度淵源略論稿》、《唐代政治史述論稿》可以說是達到了這樣的標準。它們對唐代貴族勢力的分野的闡述，以及新進士與舊世族之間的鬥爭的解釋發前人所未發，支配了近代中國史學觀點數十年，說它們是偉大的作品，一點也不為過。

言筆至此，想起了莫米格理雅諾（Arnaldo Momigliano, 1908 -1987）對吉朋的解釋。他說吉朋的史學方法是建築在十七世紀歐洲的通儒重視博學的理想以及十八世紀啟蒙思想重視分析的學風上面，綜合兩者的長處，遂使他能寫出這麼一本重要的歷史巨著。陳寅恪何嘗不是如此。當然，二十世紀初的羅振玉（1866-1940）、王國維（1877-1927）、章太炎（1869-1936）以及陳垣（1880-1971）也都是能在中西學術交流剛開始的時候把握舊根底，開創新視野，而發明前人所不及見的議論。順便說一下，二十世紀中國還有許多重要的歷史著作，過去我們在台灣加以排斥，這是很不幸的事。為了公平起見，我或許應該說郭沫若（1892-1978）的《中國古代社會研究》應當算是一本在台灣沒有人重視的重要的、極為優秀的歷史著作吧。只是我們必須承認，並非所有偉大的著作都會在世界各地受到相等的對待或重視的。下面我們說到後現代主義的影響時，大家就可以了解這一點。

在西方，近數十年來真正可以說得上是偉大的歷史作品的，除了上面所提到的布勞岱爾的《地中海與地中海世界》和麥耐爾的《疫病與人類》以外，很難再提出其他的著作。布勞岱爾另外寫有《15至18世紀的物質文明、經濟和資本主義》（*Civilisation-materielle, économie et capitalisme: XVe-XVIIIe siècle*）三大冊的巨著。這套書翻譯成為英文出版時，美國的《新聞周刊》還特地用了兩頁的篇幅來介紹他，盛況空前。但是從長遠的影響言之，我相信這三冊書的重要性不可能超過《菲利浦二世時代的地中海和地中海世界》。麥耐爾真正成名的著作其實是《西方的興起》（*The Rise of the West*），這本書是現代化信仰達到高峰時的作品，代表了西方進步觀念最後的衝刺，從今天的觀點看來，這樣的書已經不能再取信於人了。但是他的《疫病與人類》卻替史學研究開創了一條前所未有的新途徑，因此這本書將會流傳長久。

論者或許要問：史賓格勒（Oswald Spengler, 1880-1936）和湯恩比（Arnold J. Toynbee, 1889-1975）呢？以目前言之，這兩位史家的聲譽可以說是跌到了谷底。他們因為在治學上面不太做第一手資料的探討和考證，只是借用別人已經研究過的成果，來闡發自己的看法，因此許多嚴謹的史家都不喜歡他們，認為他們是先有一套看法，然後才把史料套進去證明，違反了歷史學最基本求真的原則。但是在我看來，由於世界局勢最近有了重大的改變，因此一定會再有人重新談這兩個人。

從這裡我們還可以反省許多探討歷史本質和歷史知識如何可能的著作。我認為二十世紀最重要的、談論歷史學的寫作模式的、恐怕不能不說是懷特（Hayden White,

1928-2018）的《形上歷史學》（*Metahistory*，又譯為《後設歷史學》、《史元》）。我認為這本書的影響至少和孔恩（Thomas Kuhn, 1922 -1996）的《科學革命的結構》（*The Structure of Scientific Revolution*）一樣的深遠。二十世紀的史學史，嚴格言之，是一片空白。當然，許多學者對進步的觀念提出批判，提出了各樣的疑慮，再加上受到德國歷史主義的影響，於是產生了像美國的畢爾德（Charles Beard, 1874-1948），貝克（Carl Becker, 1873-1945）、意大利的克羅齊（Benedetto Croce, 1866 -1952），以及英國的柯靈烏（R. G. Collingwood, 1889-1943）一類的史學家。他們都同聲否定歷史有完美或終極的答案。不過這些人的著作沒有一本比得上懷特的《形上歷史學》。

從今天台灣的立場來看整個世界的歷史寫作，那麼，我們應當說，日本的歷史界的名著被我們完全忽視了，就好像我們不知道郭沫若的《中國古代社會研究》一樣。影響了上一代台灣知識分子十分深遠的矢內原忠雄（1893-1961）的《日本帝國主義下的台灣》一書，現在知道的人也很少。它作為一本偉大的著作是當之無愧的。它的重要性乃是因為作者在當年的氣氛之下，能本著基督徒的良心，勇敢地出來反對日本發動對華戰爭，這是極為不容易的。他這本書在學術上以深刻的見解，有條理而系統的理論和研究，來對帝國主義在台灣採行的剝削政策作嚴苛的批判。無怪乎吸引了許多台灣的留學生，對他崇拜有加。矢內原忠雄後來因為言論不能見容於當時的軍國政府，被趕出了東京大學。戰後，他回到東大復職，還當了東大的總長。一本偉大的著作一定要建築在深厚的學術基礎上面，但就他這本書言之，更是因為它代表了人類的良心。近代日本史學界的著作有很多是十分重要、或甚至於是偉大的，可惜我們知道得太少。馬克思主義的影響在日本就十分深遠。至少有一個人應該在這裡被提到：仁井田陞（1904-1966）。他的《唐令拾遺》以及《中國法制史研究》都是建築在他對馬克思史學方法的徹底了解上面。它們對後代治中國法制史學者的影響，到目前為止還沒有出其右者。進一步說，這些書也都是嚴謹的史學作品，代表的是最細膩的史學寫作的手法，雖然將來一定會被其他更仔細的著作超過，但是仁井田陞所開創的典範和途徑影響了一整代的學者，因此絕對是偉大的史家。

結論：偉大的歷史作品與優秀的歷史作品

現代世界的思想十分紛擾，令人覺得莫衷一是，後現代的思維更加強了這樣的危機感。十九世紀以來發展出來的史學規範已經被挑戰得體無完膚，因此不僅各文化或國家對於什麼是好的歷史作品或好的史學寫作的方法，看法有嚴重的歧異，甚至於在一個國家裡，不同的人對歷史作品的評價也可以有天壤之別，因此我們在這個時候來談什麼是當前站在台灣的立場可以稱之為偉大的歷史作品，似乎不切實際。十九世紀是民族主義興起的時代，再加上西方文明夾帶它近代化的成就，成了世界上人人都欽羨、模仿的對象，因此西方的標準就成了其他地區的標準。歷史學也是如此，西方的模式就是世界各國跟隨的對象。好壞似乎還有一定的規律可循。但是，到了後現代主義的時代，這樣的標準已經被打破，造成了百家爭鳴的局面。二十世紀可以稱之為偉大的作品的到現在還很難說得出來。上面所提到的，大多是二十世紀以前的著作。我雖然試著也討論二十世紀，但都是我個人的見解。不過，偉大的歷史作品是不會受到後現代主義的束縛的。它們終會脫穎而出。歷史上許多偉大的作品，它們在作者在世的時候，往往受不到重視。偉大的作品是人們在生命的饗宴和命運的折磨中提煉出來的，它們必須像一道文火慢燉的佳肴，讓人們細細地品嘗，而慢慢地發現他們咀嚼的是天下的美食。它們表達的一定是人們內心最深處的體驗，用最生動、翔實的文字，像嘆息一般，輕盈地、述說那哀豔的故事。當然，史家駕馭文字，就必須也能把人性的尊嚴、人必須活下去的意志力清楚而堅強地表現出來。這樣的文字一定鏗鏘有力、擲地有聲，不斷地震撼人心，鼓舞後人。希伯來聖經的許多歷史故事，就像中國的《左傳》一樣，處處表現出道德的力量、以及人在命運的折磨下所表現出來對道德信念和人性尊嚴的信心。

現代歷史學是大學學科裡的一支，其訓練往往反而妨礙學者的想像力，使得他們創作的原動力受到了壓抑。專業的史家寫出了許多優秀的歷史作品，但是偉大的歷史作品，其寫作的靈感和技術往往不是由訓練而來。除了能感受到時代的呼喚，能忠實而細膩地表達出共同體的喜怒哀樂和靈魂深處的呼喊之外，他的作品還必須能引領我們知道人類的前程，幫助人類規劃他們往前去的走向。它一定能經得起時間洪流的沖刷，歷久而常新。這才是偉大的作品。偉大和優秀之間，畢竟還是有一個區別的：優秀的作品很多，但是偉大的作品是人類文明的精華，不是常常出現的。

——二〇〇二到二〇〇五年間擔任母校講座教授時發表的就職演講，
發表於二〇〇四年十二月二十一日

罪，羞慚，與思想史

我在臺大讀書的時候，專業學術受到的影響主要來自許倬雲先生。我因為從小就喜歡讀思想類的書，像《屋頂間的哲學家》（原作者是梭維斯特〔Émile Souvestre, 1806-1854〕；中譯者為黎烈文，1904-1972）、《浮士德》（原作者是歌德〔Wolfgang von Goethe, 1749-1832〕；我看的是郭沫若所譯的第一部分）、《哲學導論對話》（故哲學系系主任洪耀勳所著）以及《哲學的故事》（原作者是威爾・杜蘭〔Will Durant, 1885-1981〕；我看的是徐大成所譯，由協志工業出版）等等，所以本來很想讀哲學，但是最後卻選擇了歷史系。這主要是因為當時在臺大哲學系讀書的林弘宣先生（1942-2015）告訴我說歷史系的師資比較好，勸我去讀歷史系。我就這樣在一九六四年考進了歷史系。許倬雲先生知道我喜歡思想史，就一再對我強調研究思想史的時候，一定不可忘記思想背後的歷史背景。對於這一點，我是經常銘刻於心。對於這個說法，我的了解是要廣汎閱讀一個思想發生時代的歷史，來把握當時的主要現象，和人們所喜歡或遵循的行為模式，這樣才能了解這些活動或生活模式所反映出來的思想。這樣說也許流於浮泛，不太具體。我試著用簡單的一個例子來說明。近來台灣社會發展的一個重要的現象就是所謂的「都更」。一個城市在發展經過一段時間之後，建築逐漸老舊，設施也開始跟不上時代，這就開始產生人口老化，遷出，或必須重新規劃及改建的種種問題。台灣土地狹窄，運用已經飽和，老區的人口不能往別處去開拓，於是就產生住宅更新的問題。一個地區的更新影響很多人的利害，不同的意見或雜音就很多，特別是有些人因為慣性或其他的個人理由，一定會出來抵抗徵收。一般的台灣人會認為政府當然可以為了公眾的利益立法徵收土地，人民當然必須在獲得政府的賠償之後，讓渡土地。但是，如果在西方（特別是英國），大家公認的原則就不同。在他們看來，只要地主不肯過讓，那麼原則上政府就絕對不可以強行徵收。

當然，這個原則並不是絕對的，在一段激情過後，或者賠償的價格合乎地主及一般社會人士的認可之後，問題通常會得到解決。但是這種對私有財產要絕對尊重的想法是一個深入西方人心的信念：政府一定要取得土地所有人的許可，才可以取得他的土地，別無他法。洛克（John Locke, 1632-1704）是第一個公然論述它，並把它拿來和

「生命的安全」及「人身的自由」並列，認為是三樣絕對的「自然權利」。西方後來很多人權的學說、宣言，其起源就在這裡，而洛克的學說（主要在他的《政府論下篇》）更成為美國立國的精神和憲法的基礎。

洛克所以會強調私有財產（特別是土地）的不可剝奪性，主要是因為土地的供給到了十五、十六世紀以後漸漸飽和，再沒有空地可以讓人們不受拘束的開墾，而在人口密集的地方，政府又常常為了各樣對或不對的理由來強占人民的產業，於是就產生了政府權限的問題。這個情形在英國特別尖銳，尤其到了十七世紀，發生了許多「圈地」（enclosure）問題，政府容許新興的中產階級到處劃公地為私產，強占農人的農地（到了十九世紀初，貴族騎馬打獵，還是常常無償踐踏農人的耕地），造成社會非常嚴重的鬥爭：像「去經界者」（Levellers，要去除圈地者的圍籬或界標）就是一個重要的例子。農人苦不堪言，所以群起反對政府或有錢人到處隨意圈地或霸占窮人的田產（相似的現象在中國歷代也都發生過，尤其是蒙元時期以及明末特別嚴重；清初也有「圈地」的政策：「圈田所到，田主登時逐出，室中所有，皆其有也。妻孥醜者攜去，欲留者不敢攜。」）

如果對這樣的歷史背景不認識，那麼就不能真正瞭解為什麼洛克要把私人財產看得那麼神聖。當然，到了十九世紀，由於工業革命和資本主義帶來種種問題，又造成嚴重的貧富不均，所以會有一個窮到每天只能吃白麵包配水的書生寫出改變人類歷史的《資本論》，要徹底顛覆財產私有的思想。他就是馬克思。歷史背景對一個思想家所能造成的影響由此可見。多年以後，我又有一次跟許老師閒聊。他表示很難了解為什麼美國的進步份子（特別是自由主義人士）常常作出相當令人難以瞭解的言論，並且支持社會改革（特別是對付富人）的政策。這些政策往往到頭來會顛覆他們自己的經濟、社會、甚至於政治地位。當時，我也沒有什麼好的回答。但是我多年來一直記得這個問題。常常在思考這種生命態度的歷史及哲學（或神學）背景。

這個問題的簡單背景是二十世紀以來美國的既得利益份子（主要是北方的白人，特別是早年清教徒的後裔）通常都擁抱自由主義的立場，不斷地以改造社會經濟結構、創造機會平等、以及鼓吹思想及言論自由作為他們的人生理想，而這樣的理想又從他們樂善好施、馮煖市義的行徑表現出來（洛克菲勒是最有名的代表；當代的巴菲特也帶有這樣的色彩，他的言論相當反映自由主義的信念）。他們常常支持以政府的力量來改造社會的階級結構，創造財富的平均分配，以及接受不斷創新的理論或意見。

他們既然是既得利益份子，照理應該反對可能威脅他們的地位、財富、及生活方式的新政策和新理論。但是事實卻不是如此：他們提倡社會平等，推動平權的種種政策、為女人、黑人及猶太人發聲、主張寬鬆的移民政策、認為憲法本來就保障非法移民的子女有受教權、窮人應該免費或以最小的花費接受醫療等等，不一而足。從表面上看，這些政策是會顛覆他們既有的地位和優勢的，但是大部分的白種、基督教徒卻支持這樣的立場；就是南方的保守主義者都很難抗拒這樣的潮流。絕大多數的知識人（大學教授、作家、記者、或演員）也都傾向這樣的世界觀。

用一句簡單的話來說，他們是不斷地用今天的我來與昨天的我作戰。這是美國文化一個非常重要的特色，與美國的立國精神有密切的關聯：清教徒的人觀與社會觀影響了美國人對財富和社會責任的態度。我的想法與韋伯（Max Weber, 1864-1920）有名的理論相似。韋伯認為新教徒（特別是喀爾文教派，它是美國清教徒所持的信仰）素來認為他們生來就與人不同，是上帝已經預定會上天堂（獲救）的人。因為這種自信，他們反而更努力重視道德生活與教育，以及勤奮工作，因而積累了很多的財富，表現出他們與眾不同的光榮感。韋伯的書幾乎一開始就提到富蘭克林（Benjamin Franklin, 1706-1790）在他發行的《窮理查年鑑》（*Poor Richard's Almanack*）所常常引述的生命哲學：勤儉、得體、但有時也必須對人生抱持逆來順受的犬儒態度。本來，富蘭克林對宗教的信仰並不是那麼熱衷，他的著作裡，宗教的出世觀也不常出現，但是他的處世哲學，特別是經營賺錢的直覺，卻處處流露出清教徒的基本信念。所以韋伯認為窮理查相當代表資本主義的精神。清教徒的生命態度不嫌惡賺錢，但是他們對於金錢的使用卻相對講究；認為錢財並不是自己的，必須取之於社會，用之於社會。但是這不是因為他們覺得有錢到不好意思，而更是因為有宗教的力量來鼓舞他們（洛克菲勒家族是虔誠的浸信會基督徒，但對上帝的恩典的看法與喀爾文教會大致一致）。美國早期的清教徒或一般的喀爾文會友都帶有一種感激上帝預定他們會得救的心懷，從而產

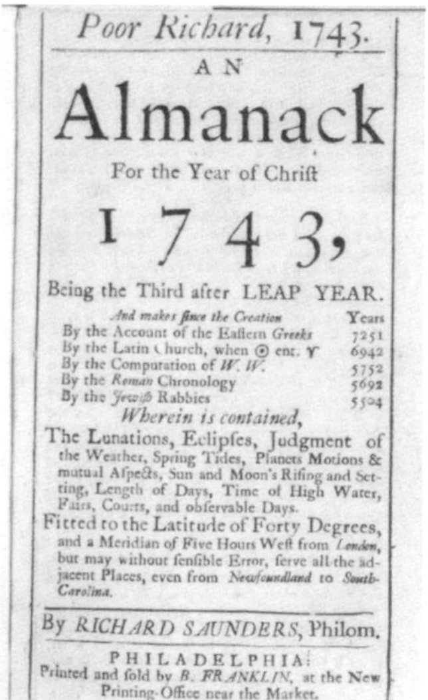
Poor Richard, 1743.
AN
Almanack
For the Year of Chrift
1743,
Being the Third after LEAP YEAR.
And makes fince the Creation — Years
By the Account of the Eaftern *Greeks* — 7251
By the Latin Church, when ☉ ent. ♈ — 6942
By the Computation of *W. W.* — 5752
By the *Roman* Chronology — 5692
By the *Jewifh* Rabbies — 5504
Wherein is contained,
The Lunations, Eclipfes, Judgment of the Weather, Spring Tides, Planets Motions & mutual Afpects, Sun and Moon's Rifing and Setting, Length of Days, Time of High Water, Fairs, Courts, and obfervable Days.
Fitted to the Latitude of Forty Degrees, and a Meridian of Five Hours Weft from *London*, but may without fenfible Error, ferve all the adjacent Places, even from *Newfoundland* to *South-Carolina*.
By *RICHARD SAUNDERS*, Philom.
PHILADELPHIA:
Printed and fold by *B. FRANKLIN*, at the New Printing-Office near the Market.

富蘭克林編印的《窮理查年鑑》：韋伯認為窮理查體現了資本主義精神。

生一種對其他「不幸」的人們的虧欠感。這使得他們一則努力傳教，希望上帝會盡量多「預定」人得救，二則也讓更多的人警覺到他們已經是被預定得救的人。同時，這些清教徒會會強烈地感到時不我予，必須設法在物質上，精神上或社會政策上，盡力幫助那些注定要受苦的人。雖然被預定會得救，但是這並不表示他們就沒有罪。於是越相信自己會得救，他們就越努力使自己不犯罪。另外，美洲印第安人有沒有機會得救？清教徒當然必須對這個問題做深入的思考。所謂的蠻人是不是值得被當作人來看待？這個問題與罪的觀點當然有關聯。清教徒殺害了很多的印第安人，這一點無庸置疑。問題是在理想的層面上，印第安人是不是也會得救？如果上帝也會救贖他們，那麼自然也應該對他們傳教。例如有名的清教徒神學家愛德華茲（Jonathan Edwards, 1703-1758。普林斯頓第三任校長）就主張應該向印第安人傳教。愛德華茲的神學受到啟蒙思想的影響，比較自由、開明，也比較世俗化。所以受到保守分子的杯葛，但是他的立場在知識人中很受歡迎，因此他便成為美國歷史上最有影響力的思想家之一。

由此可見，清教徒的神學和對人的看法是必須視蠻人或一切世上的人都是上帝要救贖的人，因此除了必須幫助他們得就之外，更必須平等對待他們。所以美國的《獨立宣言》開宗明義就說了「人生而平等」這句話。

「人生而平等」這樣的話說來容易，實踐則很難。不過美國獨立以後近一百年黑奴終於得到解放（事實上，晚過西歐諸國，但這是經濟形態不同的結果），隨後女性和非洲裔的美國人也相繼得到投票權。當然現在還有許多歧視的事，難以解決，不過「人生而平等」的信念畢竟在困難重重之後建立為美國民眾相當認同的立國理想。

這樣的信念後來甚至擴大到凡是人都應該平等對待，因此至少在美國，民族主義通常被認為是落伍的、不理性的，不應作為思考政策或討論人性的參考元素。最後這一點至為重要。從二十世紀下半以後，凡是開明的人士或知識人都努力朝向黑白全面平等的方向在努力，至少，很少人敢公開說非洲裔的美國人或所有的黑人比白人低等。對其他的少數人種，像西班牙語裔，亞裔、乃至於印第安人、愛斯基摩人等等，他們也都一樣反對公然立法來加以歧視。至於非安格盧薩克遜族的意大利人、愛爾蘭人，以及所有的女性也都要一視同仁。

進一步說，非法移民的子女也大概都受保障可以接受教育。不過至少在目前，大家還想不出有什麼辦法可以把一切想移民美國當美國人的都全部接受。這是國家制度對「人生而平等」信念最大的挑戰（帝國制度就不同）。美國的有識之士一般都認為應該至少在美國將這個理想實現；至少可以首先從美國國民（不只是公民）以及合法及非法的移民開始。因此，美國國會立法，一般都公平適用於所有住在美國的人（甚至有人還以為只要住在美國，就都有投票權）。進一步說，如果有人生而智能較低，或身體傷殘，那麼我們如何讓他們在社會上與正常身心的人「平等地」競爭？對於有正常身心的人來說，這樣的問題最好是不要去想，免得煩心，更免得造成不便。今天在美國，這類的問題可以說已經得到合理的解決，而且也在哲學上有了令人信服的論述。簡單地說，至少在美國社會，正常人就有責任用各樣的方法彌補上帝在造人時所留下的遺憾。身體傷殘的人，天生就無法與正常人公平競爭，生而正常的人就應該幫忙這些先天不足的人：給他們更多的時間、機會或金錢去參加競爭，實現他們的人生目標。這樣的想法正與白人應該用立法的手段來替其他少數族裔（包括同性戀者）創造平等機會的意見相互呼應。總之，在美國，絕大多數有識之士都相信彌補弱勢的人爭取平等才算公義（上面的哲學理論主要是羅爾斯〔John Rawls, 1921-2002〕的看法。）

美國思想界以及大部分擁有既得利益的人的想法當然是從全人類都是平等的這個

命題出發的，然而，他們的影響力雖然普及全世界，卻因為現代國家制度使得這樣的想法不一定能為各政府所接受。例如一般中國人和傳統中國文化就沒有肯定「人生而平等」的論述，更不用說天賦正常的人必須彌補弱勢者的說法了。

天生認定自己一定會得救的清教徒，為了表現自己已經得救，就努力奮鬥要把所有的人（不止是美國人，不只是蠻人，而是全世界的人）都能從罪中解放他們自己，這是基督教神學裡一個十分深奧的「paradox」（似非而是的說法，弔詭、悖理）。對於「罪」的理念沒有體會的人，大概比較難瞭解它，甚至於會說這是典型的狂妄自大（hubris）。

歷史系張灝學長多年前提出西方文化中的「幽暗意識」，指出它是西方文明和中國文明的一個很大的差別。這樣的說法反映了他對西方（特別是基督教）神學的深刻瞭解（張灝後來承認他是基督徒，在哈佛讀書時曾受到尼布爾（Reinhold

羅爾斯是二十世紀最重要的自由主義政治哲學家。

Niebuhr, 1892-1971；尼布爾是近代美國最重要的神學家之一）的影響）。他說「幽暗意識」是要把基督宗教的「罪」觀放在世界思想史的層面去做討論，好闡述他的想法——「幽暗意識」是建構民主政治的基礎。

對「罪」這個奧祕的觀念闡述得最為透徹的是聖奧古斯丁（Saint Augustine, 354-430），而喀爾文則把奧古斯丁的說法解釋為人的完全絕望：沒有上帝的恩典，罪一定不能被赦免。因此上帝的恩典是絕對的，並且是祂在造人之前就定好的。可見喀爾文的預定論與他對「罪」的絕對悲觀是互為表裡的。

在天主教的教義裡，有的罪可以被赦免，有的則不可赦免，因此不如喀爾文的嚴厲。在天主教地區，常常有所謂的「嘉年華會」（carnival），一方面紀念耶穌在曠野的絕食，一方面也有限度地讓地方上原有的非基督宗教的傳統得以在一定的日子繼續慶祝。從天主教對「罪」的相對寬容態度看來，它可以看作是讓人們可以在宗教生活中得到一種有程度的放鬆，並提醒他們接受基督教就是代表身心的轉變。例如大家熟知的萬聖節前夕（Halloween，十月三十一日）本來就是戒爾特人（Celts）原有的節慶，但是卻長期被保留，而在萬聖日（All Saints's Day，十一月一日）及萬靈日（All Souls'

Day，十一月二日）的前一個晚上來舉行。又如《浮士德》書中提到的「嘩而不羈思之夜」（Walpurgisnacht），它是北歐傳統的節日，也與基督教的節慶有關，屆時人們放蕩不羈。節慶之後，則又回歸正常的生活。這樣看來，幾乎可以說「嘉年華」節慶是對人的「罪」的確認，而通過節慶中所含有的「更新」意涵，來重新肯定信仰的需求。也許「化妝舞會」（masquerade）也可以這麼解釋。

「罪」的觀念（特別是基督新教的看法）是中國傳統中所相對缺乏的。早期中國人對「carnival」不瞭解，因此把它翻譯為「狂歡節」，比較日本的翻譯（「謝肉祭」），那麼日本的譯法就比較接近原始的意義：紀念耶穌禁食前數天盡情吃肉的節慶。狂歡的確有，但是它其實帶有歷史和思想的深意。

清教徒的社會責任感不只是一種羞慚，而更是一種對絕望的罪的自覺，但是因為相信自己的得救，因此就反而更為負責。就好像清教徒要邀請印第安人來共同享用感恩節的火雞一樣，由歡樂而產生反省和更新。傳統就這樣建立起來。這樣的歷史因此鑄造了美國自由派的生命態度。這不正是我們感到非常困惑的「paradox」麼！

世界史上的學生運動

大二時，選修了劉崇鋐（1897-1990）教授的「十九世紀歐洲史」。當時用的教科書是湯姆遜（David Thomson, 1912-1970）的《拿破崙以後的歐洲》（*Europe since Napoleon*）。這本書在我心中留下了不少的記憶：諸如民族主義、自由主義、社會主義等思想在發展中的錯綜複雜關係，左拉（Émile Zola, 1840-1902）如何為法籍猶太軍官德雷弗斯（Alfred Dreyfus, 1859-1935）辯護的動人故事等等。我也第一次讀到了「Proletarians of all Countries, Unite!」（全世界無產者，聯合起來！）這句撼人的口號。

十九世紀歐洲另一個非常令人難忘的特色就是不斷的學生運動。這是浪漫主義盛行的狂飆年代，加上法國大革命剛落幕，餘波澎湃洶湧，因此走上街頭的事情幾乎是無日無之，成了當時大學生最真實的寫照。看過《悲慘世界》（*Les Misérables*）歌劇或電影的人，當然不會忘記巴黎街頭年輕人奮戰政府軍隊的一幕。

歐洲大學可以追溯到中古時代。當時高等教育都由天主教會主辦，目的是訓練神職人員，所以學生具有神職人員的法律身分，不受政府管轄。學生聚集在一個地方，自然免不了產生與學校所在地的老百姓衝突的事，這就是所謂的「城鎮對道袍」（town vs. gown）一語的由來。

十五世紀文藝復興以後，大學逐漸接受人文主義，所教的課程變得多元，很多人到大學學的是法律或醫學，因此大學生的地位就逐漸不受教會的保護，而許多重要的新學問或科學發現則往往在大學外面的貴族家裡或私人的沙龍（salon）發展出來，大學的聲譽與地位降到了谷底。

十九世紀初，德國有名的思想家洪保德提出創設柏林大學的計畫。他的大學結束了傳統歐洲大學的宗教色彩，開始近代世俗大學的模式與發展。大學的復興使歐洲大學生的身分獲得了新的肯定，也使他們對自己的期許更為高升：努力要做社會的中堅。很快地，「知識人」（intellectuals）變成了非常流行的字，也成了歐洲學生最珍惜的自我認同。

一八三二年的巴黎六月革命激發了雨果（Victor Hugo, 1802-1885）寫《悲慘世界》

的小說，成了傳頌至今的名著。一八四八年法國創立第二共和，擁護路易拿破崙為皇帝，刺激了馬克思與恩格斯發表《共產主義宣言》，也使馬克思寫了著名的《路易・波拿巴的霧月十八日》（按：霧月即二月，法國大革命時期把二月稱為霧月，因為二月多霧）。同時福樓拜（Gustav Flaubert, 1821-1880）的《情感教育》（*L'Éducation sentimentale*）則用這一年的革命（以及其後幾年的動盪）作為背景，寫年青人的感情、愛慾、理想與其幻滅。一八七〇年，法國與普魯士發生戰爭，結果法國被打敗。但是在戰爭當中，法國學生們在巴黎與普軍大戰，並建立公社，實驗共產的生活。馬克思和左派思想家深為這件事而興奮，稱許它是無產階級專政、廢棄國家制度的契機。雨果也寫了好幾首詩歌頌它。

雨果的《悲慘世界》敘述1830年代的學生運動。

十八、十九世紀的巴黎出了許多充滿幻想的思想家，年輕的一代也比同時歐洲其他地方的學生更為充滿浪漫的氣息。因此巴黎成了革命的溫床，也啟發了近代共產主義的發展。全世界的學生們莫不以能在巴黎參加遊行示威為自己生命最值得珍惜的經驗。在近代世界史上，學生運動沒有不受法國經驗的啟發的。就是晚到一九六八年，巴黎的街頭仍然是世界各地青年的聖地。近代世界的大學生受到了法國進步思想家和作家的鼓舞，散發了無限的狂熱和激情，這是西方學生運動的光榮遺產。

近代中國的革命當然也受到歐洲直接或間接的影響。其實我們都知道，中國歷史上不乏學生抗爭朝廷的記載。它們當然與西方的學生運動不盡相同。但是年輕人的純潔和對理想的忠誠，那應該是中外都一樣吧！所不同的是史家的描述方法和價值判斷而已。

中國至少從漢代就已經有太學生提出政治主張的事。漢武帝設立了太學，目的是為了教育貴胄的子弟，預備他們將來可以當官，因此他們的身分和地位都高人一等，也與中央朝廷和大官們有許多來往。一般地說，漢代太學生參與政治活動都以「黨錮之禍」泛稱之，其實在第一次黨錮之禍（166-168）之前，太學生已經多次出來示威或攻擊他們不齒的官員。總地來，太學生與朝廷的官員關係比較好，他們反對的主要是宦官。由於後來寫歷史的主要是儒家官員和讀書人，所以我們獲得的印象是太學生在道德和理想上面，都和正直的官員站在一起。

中國歷代「正史」的觀點反映的是：儒家相信朝廷官員必須是受過教育的知識人，因此道德表現也比較接近君子的標準。太學生因為是日後要進入朝廷當官的儲備人員，因此也受到正面的評價。學生們指認為奸邪的宦官或官員，一般也就在歷史上被認為是奸臣。

中國歷史上發生最多學運的朝代是宋朝。其中最重要的就是北宋將滅亡時，陳東（1086-1127）一連串的上書及伏闕（在宮門台階前跪）。他成功地批判六個權臣，在一年內迫使他們受刑，被逐、監禁或流放。雖然他後來因為高宗皇帝舉棋不定而被殺，但是他卻得到了朝廷大部分官員的讚許。

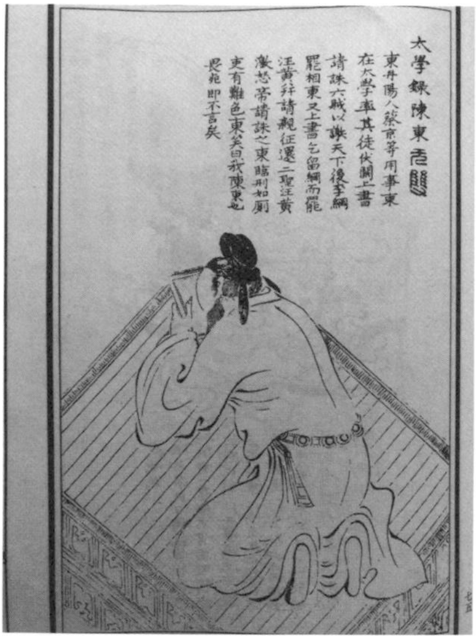

康熙時代金古良撰《無雙譜》所畫的陳東像。

當時太學生的活動其實有很多是不足掛齒的，然而，儒家讀書人還是支持他們，而「伏闕」的事也層出不窮。到了晚宋，學運風波更推高到了極點，與政治交纏在一起，是非不明，而宋朝也就這樣被蒙古人征服。宋代太學生膽敢參與政治，這個與宋代思想有關。太學生已經不再都是高官的子弟，例如陳東本人就是平民出身。但是他與二程的弟子楊時（1053-1135）很親近，所以他的思想是與道學家們相通的，而得到後者的支持。明代以後，朱元璋在學校立碑禁止學生干政，處罰非常嚴格，從此太學生不敢議論朝政。事實上，太學收的多是一些希望當官的學生，因此他們根本產生不了力量。事實上，太學生變成了政府的雇員，替政府抄書，或到地方上去當土地丈量員，已經無暇以天下自任，更缺乏那樣的理想了。

學運重新開始已經是二十世紀的事。五四運動的許多口號都與傳統文化有相當的距離，反倒反映西方流行的價值：民族主義、民主、科學、自由、白話文（反映了文藝復興以來歐洲各國發展白話文的特點）等等。當然，學生干政是儒家一向默許的信念，這一點是非常清楚的。不過十九世紀歐洲的學生運動顯然也還是對中國有一定的影響。

五四以後，學生運動接二連三，國民政府在處理它們時，手法顯然輸於中共。其中一個主要的原因是國民黨放棄不了傳統中國儒家信念的包袱。在學生們不提那些保守官員喜歡的意見，也不肯用傳統的文言文的情形下，國民政府在處理學運上不免捉襟見肘。歷史上，儒家雖然大致上都與太學生站在同一個陣線上，但是在他們的想像中，年輕學生意見的寶貴既不是因為他們純潔或熱情，也不在他們的膽識或新理想，而是在他們對傳統儒家文化的堅持。流傳的陳東畫像把這一點表現得淋漓盡致。陳東死時，雖已經四十一歲，但總不應該像畫像那樣子吧！換句話說，傳統中國人對學運領袖的想像就是他們應該像一個忠君愛國的好臣子。與近代西方的學運中所歌頌的激昂，求新及熱情，的確很不相同。

——二〇一四年四月十三日，太陽花學運退場後三日於竹北

再談世界史上的學生運動

二〇一四年四月，我寫了一篇〈世界史上的學生運動〉，不覺已經七年。作為一個研究中國教育的學者，學生運動雖然不是教育史的核心課題，但是絕對不可完全排除。今年（二〇二一年）一月我應東海大學歷史系王政文教授的邀請去做演講，再一次與學生們討論有關學生運動的歷史及意義。這一次的演講讓我有了一些新的想法。因此我覺得可以再一次借用校友雙月刊的篇幅來把它們呈現出來。

我在〈世界史上的學生運動〉一文中指出西歐中古的大學很少有反抗「政府」的運動。這主要是因為當時的「大學」差不多都是天主教會所創辦，而一般的封建君主則既無財力、又無見識來興建高等教育的機構，所以學生們當然不會針對政府提出什麼大型的批判或抗爭。反之，整個中古末期充滿了大學教授引導學生抗議教會的教義或慣習的歷史。這裡就只說兩個比較著名的例子。

第一個是英國牛津大學的威克里夫（John Wycliffe, ca. 1320-1384）。他雖貴為英國國王的隨侍神父，但是對於當時教會本身有許多批判，最重要的就是他關心一般的信徒因為不能讀《聖經》，容易被不良的神職人員欺騙，因此就發奮把《聖經》從當時通用的拉丁文翻譯為英文，好讓一般信徒也可以讀得懂。他反對教會的行徑得到了當時貴族的支持，因此得以在牛津大學繼續教書，大學校長也對他無可奈何。

但是威克里夫的影響力一旦傳播出去，跟從的人多了，內部就產生了分歧。許多跟從他的人是窮人，他們攻擊修道院，引發了所謂的「農民革命（Peasants’ Revolt）」（1381，當時是叫做「Wat Tyler’s Rebellion（叛亂

威克里夫像。

」」，二十世紀之後才叫做「農民革命」）。威克里夫失去貴族的支持，沒有了舞台，不久之後去世。

第二個是捷克的胡斯（Jan Hus, 1371-1415）。讀者們如果到過布拉格，大多會注意到市中心廣場上面的一個銅雕，描繪的是一個人在被火燒時挺立演講的情景。這個人就是胡斯。胡斯是一個傑出的思想家，在布拉格的查爾斯大學（Charles University）教書，並於一四〇二年出任大學的校長。

他受了威克里夫的影響，勇敢指摘當時天主教會的腐敗，特別對所謂「補贖券」（Indulgences；舊譯為贖罪券）極為反感，批評不遺餘力。他更進一步質疑聖餐（Holy Communion）的教義基礎。他呼應威克里夫的思想，更把他的《三人會話》（*Trialogues*）翻譯為捷克文（注意：胡斯也非常重視普及方言的聖經）。他因此被趕出天主教會，並且在一四一五年被判用火燒死。事實上，大學本身在一四〇三年就下令不許教授威克里夫的學說，但是學生卻抗議學校的決定。於是雙方爭持不下，終於分裂。胡斯被教會判燒死，而大學的神學院和法學院也不得不關門，只剩下了文學院。文學院教的卻是胡斯的學術。

胡斯對於天主教的式微有重要的影響，發動宗教改革的馬丁路德就受過胡斯的影響。當然，到了路德的時候，許多大學已經對天主教產生懷疑，批判非常普遍。路德在威登堡大學（University of Wittenberg）教書，但是他的學生竟然來自歐洲各地，影響至為深遠。例如劍橋大學就有一些教授和學生很認同他的意見，據說經常聚會討論，而因此被戲稱為是劍橋大學的「小日耳曼」；雖然沒有真正的證據說有這一回事，但是大家普遍承認劍橋許多教授和學生都受路德的影響。例如當時在劍橋大學教書的丁達爾（William Tyndale, 1494-1536，因為翻譯聖經為英文，後來也被燒死）就曾經遠赴威登堡大學去跟路德問學。劍橋大學這段故事證明了大家心中相信的英國宗教改革的源流，而我們也由此可見近代初期大學與教會之間的爭鬥和改革運動如何影響了大學的衰落和轉型。

美國史上第一位為國捐軀的特務海勒的銅像屹立在耶魯校園。

總之，文藝復興以後，大學與教會漸行漸遠，其後兩三百年間，學術活動（包括科學理論及實驗）主要是在沙龍進行。一直到一八〇〇年洪保德德創立柏林大學為止。從此，西方的高等教育進入了新階段。

近代西方文明的重要特色包括大家熟知的「革命」（revolution）。這個字非常有意思：它最先是大約在十三世紀時從當時的中古拉丁文（一般是神職人員才懂）或法文引用進來，意思是天上星球的旋轉或循環運動。當然，人類很早就覺得天上的星星會來回旋轉運動，但是這樣的「感覺」並不為教會接受，因此雖然古拉丁文就有 revolvō 這個字，用來指「回轉」或「環繞」，但是它很少出現在談論天文現象的作品。要到了中古末期才開始改變，被用來描述星座的軌跡和循環運動。再過大約兩個世紀（十五世紀中葉），開始有人用它來形容政權的更遞（但是沒有用來指教會的事務；所以上面的「農民叛亂」不稱為「革命」），但是并不普及。到了十七世紀，因為發生了克倫威爾（Oliver Cromwell, 1599-1658）的「叛亂」（現在普遍使用「革命」），於是「rev-olution」就漸漸被人們採用來指政權的改變，但是一般還是稱為「內戰」。再過三、四十年，這個字就頻繁出現，而終於在一六八八年，威廉三世取代了詹姆士二世的那場沒有流血的政變時，人們才公然說這是一場「光榮革命」（Glorious Revolution）。從此「革命」就變成了一個政治用語，並且被認為是合乎自然律及道德理想的義舉。與克倫威爾同時，曾經大力支持他的米爾頓（John Milton, 1608-1674）就這麼正面地描繪「revolutions」：「革命往往難以補償因為失去真理正義的損失。〔但是〕國家沒有了真理正義，境況就更為淒慘」。

再八十八年，美國革命開始了人類歷史的新葉。大學生們參加了獨立革命嗎？當然，哈佛大學學生們不乏因為嫖妓、或抱怨食物不好而與當局爭吵或被開除的紀錄，但是美洲獨立革命才是真正的大事，學校的師生多數是支持革命的，很多校友參加了革命軍，連華盛頓這麼一介軍人也在一七七六年被哈佛頒發法學博士的名譽。哈佛還曾經暫時遷校到郊外的康廓德（Concord；一七七五年秋天到一七七六年中），引發那地方人的抱怨（典型的「城鎮對道袍」之爭），但是更重要的是先後兩位校長帶領學生大力支持美國革命，奠定了學校在國民心目中的地位。耶魯大學也大致相同，並且出了一位為革命捐軀的海勒（Nathan Hale, 1755-1776）。反叛君主政府開始成了一個充滿正義價值的道德義務。再過十多年，法國也爆發了驚天動地的大革命，把革命的理想發揮到了極端，甚至於可以說矯枉過正！無論如何，這一段發展把革命和自由及民主制度（以及民主作為一個公正社會的理想）結合在一起，成了近代政治哲學的核心想像。

革命不是請客吃飯的事。因此參與革命的人往往是人生經驗不多的大學生。而就在革命作為政治理想的十八世紀末年，歐洲的大學也開始復興，並奪回發展學術的主導地位。大學當然是年輕人聚集，最容易推動各樣合理及不合理思想的地方。於是在十九世紀，我們就看到了學生運動逐漸與歐洲各國的政治鬥爭結合在一起，假革命之名，來實踐近代以來、以變易為歷史發展的核心的理想。

中國的學生運動與西方不同，因為傳統中國的教育缺乏西方的宗教制度和影響。當然，不是中國沒有宗教，但是宗教的力量缺乏規模，因此即使我們承認在宗教學校（像道觀、僧院的教育）也可能偶然有經生、學生、學士郎等鬧事的事情，但是我們所知非常有限，完全不能與官方學校發生的犯規、鬧事、遊行、抗議運動的龐大記錄相比。如果說西方的學生運動早期（中古末年以降）是對抗教會的體制和教義，而到了文藝復興以後，學生的經歷轉而針對世俗的政府，以法國大革命為最高潮，那麼中國的學生運動則完全是針對帝制的政府，情形非常不同。

明代之後，像宋代陳東所帶領的太學生抗爭的政治活動消失，一直到清末，只有偶爾學生鬧事的記錄，這個我在上一次的文章已經提過。清朝中葉以後，西方文明開始對東方造成激烈的影響。西方炮艦引領傳教士東來，挑戰中國的天下觀及傳統的教育。這些都是大家熟悉的故事，不用在這裡複習。重要的是在歷經兩百年的安靜無事之後，中國讀書人為什麼會又開始要過問政府的事情。除了像東林士人的自覺之外，也是因為從西方帶來了革命這樣的觀念。

中國最早出現現代意義的「革命」這兩個字大概是在一八九六和一八九八年，兩篇文字都是日本作者從日本報刊翻譯成中文的。於是，中國人有了革命這個觀念了。事實上，前一年，康有為（1858-1927）已經開始了他的所謂「公車上書」的政治活動。他自稱發動了三千個舉人參與簽名，不過我想這一定是誇大的說法，但是無論如何，他在這時已經對西方文化有相當的憧憬，而同時的知識人大概也有相同的自覺。這時候，美國革命和「英國內戰」的歷史都也已經出現在中國的報刊雜志上。

參與孫文革命的人固然有很多是出身僑民（黃花崗烈士有三十人是南洋華僑）或

幫派分子（黃興、陳英士、蔣介石），但是他們和許多其他的黨員都接受新式學堂的教育或留學日本。他們和林覺民、方聲洞、秋瑾、乃至於汪兆銘等等都是中國現代化了的知識人，與歐洲的「intelligentsia」可以相提並論。

於是一九一九年的五四運動就非常自然地發生了。革命和年輕知識人之間不可分離的交纏關係固然在辛亥革命和五四運動嶄露頭角，但是它也在俄國的十月革命（一九一八年）表露無疑。後者成了了二十世紀革命最重要的代表。為什麼這麼說呢？因為中國的辛亥革命在孫文的眼光中是一場尚未成功的革命，而西方研究中國近代革命的學者很多也認同這麼一個說法。芮瑪麗（Mary C. Wright, 1917-1970）就主張說一九四九年的中國共產革命就是延續了孫文的國民革命。中國幾十年的革命確實沒有能建立一個真正現代的國家，比諸蘇聯，那麼對傳統的破壞甚至於有過之而無不及。

革命、大學生、知識人，對專制腐敗政府的批判，這些都是近代歷史的重心發展。要瞭解近五百年的世界歷史，恐怕不能不從這個角度去切入。學生運動也因此成了教育史和世界史的核心課題。同時，我也應該加上這麼一句話來結束這篇冗長的文章：這個由學生主導的革命近代史或許就要告一個段落了，大學的體制我認為在未來十年內一定會有激烈地改變，而有大學生主導的「革命」也會逐漸消失。大家拭目以待吧。

——二〇二一年二月二十日於紐約華萍澤瀑布

蓋棺論定與意見的自由市場

我們如今彷彿對著鏡子觀看，模糊不清，到那時就要面對面了。我如今所知道的有限，到那時就全知道，如同主知道我一樣。

——保羅

我學歷史已經將近五十年了。當人們聽說我是學歷史的，第一句話常常是我一定記得很多年代，好一點的就是問：中國近代的偉人（常常是指蔣介石或毛澤東）要如何蓋棺論定。前者只反映了歷史教學的毛病，問的人固然反映了一般歷史教育的弊病，但也多少是開玩笑，所以不值得在這裡討論（我的確記得不少年代）。但是後者是許多人的關心，因為它會影響人們心中的「最終的關懷」（一個人信仰。它影響人們如何安排自己的事業，決定自己的生活方式，以及安身立命的選擇），也更會影響國家的經濟、政治、及社會政策。可見一個社會如何看待自己的歷史非常重要。

然而，歷史家真的有能力對歷史人物或事件「蓋棺論定」嗎？前兩個月，我曾在臉書上面簡短地回應了我以前教過的學生有關如何看待袁世凱（1859-1916）的歷史解釋／評價的問題。我當時匆匆寫來，有許多不夠清楚的地方。後來有人又進一步提出如何看待段祺瑞（1865-1936）的問題，意思其實一樣。

首先，我必須說我對這兩個人物並沒有研究，因此當然不能對如何評價他們，做出令人滿意的答案。事實上，我認為今天在世沒有任何一個人能替他們建立完全可靠，令全部或多數人信服的描繪。歷史上林林總總的事件、人物、以及對它們的研究及解釋都非常難有定論。袁世凱如此，段祺瑞也如此。他如孫中山、邱吉爾、李自成、蔣介石或毛澤東等等也都是如此。不要看林肯、華盛頓的形象那麼正面，每一段時間就會有他們的新傳記出現，其形象即使沒有大的改變，但是在解釋上，也還是會有各樣的差別。

因此，我在本文中想試著從「歷史人物的評價」這個抽象的命題來討論歷史研究能不能得到一個絕對正確的解釋或對歷史事件做出可靠的描寫。顯然的，至少在目前

袁世凱就職總統後與各國使節合照。

（請注意：我說的是「目前」）大概還不可能。我們在短期內（譬如一百年）大概是不可能有一個世人都可以接受，而且永遠不會被推翻的袁世凱（以及段祺瑞）的真相。當然，長期言之，因為大家的關心已經減低，加上有關的材料因著時間的過去，已經逐漸消失，又很難發現新的材料，於是形象也就會固定下來。這樣的形象可能當初不是大家所一致接受，現在卻變成「蓋棺論定」了。這個「蓋棺論定」的形成對歷史學者是難以接受的。

不管如何，要達成「蓋棺論定」，時間可長可短：一個被判死刑的罪犯，可能在被處死之前，他的生命和作為就已經被「蓋棺論定」，用時很短。但是重要的歷史人物，例如凱撒、秦檜、李自成、或拿破崙，他們則常常不斷地被重新評價，到今天都還引發人們的討論（附帶說一下：中國人對「蓋棺論定」要求比較強烈，所以歷史人物的忠奸、善惡幾乎都在生前就已經定下了輪廓；秦檜、李自成的歷史地位都早已確定，只是遇到了毛澤東，才再被提出來重新檢驗，甚至於平反；不過這些都是特例，而且很難被接受。）對這些人，要求得真相，時間過程往往很長，甚至於永遠不可能。

歷史家一般都相信歷史研究一定可以求得所謂的「真實」。每一個歷史家都希望他們可以寫出一本「定論」。但是定論何其困難！十八、十九世紀以前的歐洲，差不多所有的歷史學家都相信有歷史的真實。但是到了十八世紀末、十九世紀初，這個情形開始改變。漸漸有人認為歷史的真實是人類所無法滲透的，或者說，這個真相必須等到人類不再有歷史的那一刻才會完全顯露出來。後者是黑格爾（G. W. F. Hegel, 1770-1831）的說法，簡單說，那就是人類完全實現了自我的理想，和上帝〔至高的真理〕合一，那才可以說完全把握了真理或實體，那時歷史就不再有變化，等於是結束了。簡單說，人類完全成熟，能隨心所欲地、能自然地選擇道德生活，那麼他才能說掌握到了真實或真理。如果人類都自由地或自動地選擇道德的生活，瞭解什麼是真理，那人類的歷史不就等於完美，不再有改變了？

真實（實體）是存在的，問題是人類未必有能力把它描繪出來。這就牽扯到兩個問題：一個是人類的語言能不能夠充分地把真實或真理表達出來。聖人之言，歷久而常新，所以班固（32-92）說漢人解經，往往「一經說至百餘萬言」。這話或許誇張，但是絕對反映人類探求知識的困難。歷史學受經典注釋的語言學的影響，於是以為要瞭解真理，就要先瞭解人類如何用語言來表達客觀的事物。當年設立中央研究院的歷史語言研究所，正是因為當時的學者相信應該用語言的研究來從事歷史的解釋和評價。現在語言學已經走進旁門左道，而歷史學家也對它們失望，已經彼此互不往來。

另外一個難題是人類是不是本來就沒有足夠的能力來參透所謂的「實體」。這個問題大概是二十世紀歷史哲學最中心的課題。總地來說，很多學者認為歷史的真實往往受歷史家自己的關心所影響，而呈現不同的樣貌。一個關心經濟的人，他看到的羅馬帝國的衰亡就和經濟因素息息相關，而一個關心權力運作的史家就會著重政治史。如果如此，那麼一個完全客觀的真實歷史豈非不是不可得？

後者一般稱之為歷史認識論問題。簡單地說，就是每一個歷史家都有他自己的關心，或者說他們的偏見，因此沒有一個史家能完全地客觀看到全面的真相。許多人都批評歷史學家不外是瞎子摸象，這話雖然刻薄，的確也是二十世紀大部分史家的概嘆！

有些思想家把這種令人慨嘆的事實合理化，說人類生活本來就是如此，根本沒有真理，也沒有可以發現的歷史真實。後者至少承認有一個我們目前沒有辦法參透或發現的客觀真實；至於前者，那是完全否認有客觀的真理。這兩者都等於是否認歷史學者的工作與努力。學歷史的當然無法接受它們。但是持這兩種說法的思想家為數不少，在一九七〇年代以後，蔚然成風。他們可以總稱為後現代主義的思想家。

絕大部分的史學家不願承認說歷史沒有客觀的真實或是非。更不會有歷史學者說歷史沒有是非真相。因此二十世紀的歷史觀念論以及上面所說的後現代主義學者雖然影響很多人懷疑歷史的客觀性，但是史家還是堅定地拒絕擁抱「歷史真實是不可知的」的極端結論。因此「歷史真相是不是能發現，雖不可知，但是歷史學的努力不可放棄」的說法就成為歷史研究的圭臬。所以胡塞爾（Edmund Husserl, 1859-1938）就提出「bracketed」（勉強可以翻為「放入括弧」、「存而不論」）的觀念：暫時跳過這個迷惘，繼續忘情摸索。

因此，對於袁世凱是怎樣一個人這個問題會有種種的爭論，我一點也不為奇，而且相信它會一直持續下去，即使所有的材料都已經用盡，學者還是會有莫衷一是的說法，無法達到「定論」。相同的，對段祺瑞等等其他的人也都是一樣。這就是我對「蓋棺論定」的答案。

這樣的回答一定會讓不少人感到不滿意。但這是當代歷史哲學大概的態度。我希望大家接受歷史學家誠實研究的階段性結果。那麼，什麼是我個人的看法呢？這個必須用比較長的文字來處理。我就留待未來。這裡只簡單綱要式地提出我個人小小的想法：恢復到亞當斯密式的「意見自由市場」（The free market of opinions）觀念，讓各樣的意見自由競爭，最後最受歡迎的看法就可以暫時領其風騷，變成多數人的想法。作為斯密古典自由主義的信徒，我因此反對用國家、黨團或地下組織的力量來脅迫人們接受他們的解釋。換句話說，一個開放的社會裡，各樣的解釋並陳，應該讓人們自由選擇。漢代桓譚（36 BC-35 AD）說：「孔子以四科教士，隨其所喜，譬如市肆，多列雜物，欲置之者並至。」不正就是相同的意思？

歷史的解釋會因時間而改變，但這也沒有關係，時間會處理最後的「定論」。按照黑格爾的看法，定論出現的時候就是歷史結束的時候。我們活在曖昧不明的時代裡，如果對歷史解釋有不同的意見，那麼就讓意見的市場來幫助我們去除不合理、材料考證的不周延的說法，然後根據大部分人的看法來制定政策、規劃改善下一代人的生活。「蓋棺論定」最根本的意義不就是這樣嗎？

——二〇一六年九月三十日於美東佳柏谷

意見的自由市場

如果歷史家無法對重大的事件作蓋棺論定，那麼研究歷史究竟是為了什麼？歷史研究還有意義嗎？這是我在上一篇文章提出的問題。我簡短地回答說歷史學家對歷史事件提出許多的不同解釋，對錯與否就看「意見的自由市場」來決定。所謂「意見的自由市場」，知道它的意思的人恐怕不是很多，因為這個用詞在台灣並不是很流行。不過從字面上看，大概可以猜到是什麼意思。

我以下想從它來探討客觀歷史的想法與它的關係，同時提出我的看法：「蓋棺論定」是無法實現的想法。在進入主題之前，我必須請讀者有所警覺，用學者研究的態度，抱持寬容的心境，來一同思考這個問題。如果無法接受思想的衝擊，那麼就恐怕對我的說法無法同情，更難以做出同理的探索。

首先從「意見的自由市場」這句話說起。因為它有「市場」兩個字，因此我想一定會有很多人以為應該是研究經濟貨貿易的人說的。這樣的猜測並不算太錯。經濟學的開山祖師亞當斯密（Adam Smith, 1723-1790）常常提到市場自由的問題，並且主張政府越少干預市場的運作越好，因此他應該是贊成維護「自由市場」的人。是的，亞當斯密的確是「自由市場」的捍衛者。

不過亞當斯密並不是一個法學家或是政治家，因此他不曾提出「意見的自由市場」這個觀念。第一個用這個市場比喻的是上一個世紀初美國最高法院的名法官賀爾姆斯（Oliver Wendell Holms, Jr., 1841-1935）。他把觀念當作是市場的貨物，應該由市場力量來決定它的價值。在他之後，美國最高法院一再有法官提出相同的見解。

不過，當然，正如我在上一篇文章說的，由輿論來做公評，或認為用市場的力量來評價意見的這種想法在世界史上經常出現，中國歷史也是如此。例如我引用的漢代的桓譚就是一個例子。事實上，早過孔子的子產更明確主張要由人民（輿論）來決定政策是否可行。就這一點言之，東亞各國的政治哲學實在遠遠勝過西方依靠上帝，《聖經》，或實定法（positive law）的構想。當然，桓譚並不是說意見應該可以自由發表，而只是說儒家的思想也應該與其他的思想一樣放在市場上讓人民取捨。就這一點言之，他與賀爾姆斯的看法十分相近。

桓譚生在西漢末東漢初，當時政府已經獨尊儒家，因此他這種態度就被批評，使他的歷史地位不高。其實他的思想很多都很進步，但是他提倡法家，又對很多看似無用的知識有興趣，所以被排斥。然而，他這種市場論，的確非常特別。

在西方，提出接近「意見的自由市場」說法的，一般認為是寫《失樂園》的米爾頓。他在一六四四年出版了《論出版自由》（*Areopagitica*）一書，主張出版報紙不需經過審批。這篇文字影響很大，是近代言論自由的基石。順便說一下，「Areopagitica」一詞源自古雅典「Areopagus」，是雅典法官辦案的地方。對基督教熟悉的人，會知道這就是保羅向雅典人挑戰希臘宗教及哲學思想的地方（參看〈使徒行傳〉十七章）。

1689 年，洛克踵續米爾頓的關心，發表了《論寬容書簡》（*Letters Concerning Toleration*），提倡宗教寬容的重要性。其後，亞當斯密則於一七七六年發表了更為有名的《國富論》（*An Inquiry into the Nature and Causes of the Wealth of Nations*）。這本書不是專論言論自由，或寬容的作品，但是顯然的，自由或放任態度（laissez-faire）是他們共同關心的課題，認為是建設一個公義幸福社會的基礎信念。

到了十九世紀，這種寬容及自由的觀念已經蔚然成風，我們可以說英國思想家對近代價值最大的貢獻就是對自由的討論和闡述。彌爾（John Stuart Mill, 1806-1873）是這方面最重要的領袖。他的名著就是《論自由》（出版於一八五四年）。這本書影響深遠，甚至於孫中山都在《三民主義》引用到它。當然，彌爾固然標榜自由，但是已經注意到「多數的暴政」的問題。自由的理論到了這時已經登峰造極。這裡也順便說一下：彌爾自己說他的意見受到夫人哈莉葉（Harriet Tylor Mill, 1807-1858）很多的啟迪和影響。

彌爾的書在英語世界廣為流傳，因此賀爾姆斯一定讀過它。他又主張把意見放在一個公開的「市場」裡任人選取，這是賡續亞當斯密的說法，相信好的意見在競爭中自然會脫穎而出，而為多數人所接受。賀爾姆斯這樣的看法不僅長年影響了美國法院對言論自由的看法，而且也往往被知識界接受作為寬容思想及意見自由的基本原則。

當然，學術研究的目的就是求到正確可靠的答案。理工的學問固然如此，就是人文社會的學問也應當如此。因此不會有人說把研究的成果或結論當作是一種「意見」，可以放在市場上面人由人取捨，接受人家不贊成的就是不對的說法。那麼，什麼意見或觀念才可以用市場機制來決定它們的是非呢？一般來說，大概多是有關政府的財經、社會政策。它們常常需要反復辯論，不斷地產生爭執。有了爭執，就會出現彎曲或抹黑對方說法的情形。只要這些彎曲或抹黑的說法留於口頭的層面，那麼美國的法院大致都會認為這是「意見的自由市場」中正常的現象，拒絕制止這一類的發言。相同的，大家都知道，美國要告任何人誹謗非常困難，特別是要作家把他們寫的名人的傳記收回，那更是難上加難。這就是「意見的自由市場」的真諦。

從這裡就可以想像美國人會如何對待與傳記非常相似的歷史作品。寫來供一般讀者看的歷史作品，那當然應該會受到保障，由社會公評，好壞自在人心。就是嚴謹的歷史作品，其實最後能決定它的優劣的，除了其他歷史學家的驗證之外，最後也還是市場的反應。當然，美國歷史學界有各樣的機制，例如論文的寫作的格式，書評，同行的口碑等等。這些都會影響一本歷史著作的地位。但是如果我們把這些專業機制也當作是一種公平開放的市場運作，那麼，顯然地，這樣的市場就是最後的裁判者。

在不自由的社會，政府或有權勢的統治階層會用各樣的手段來影響歷史的研究、解釋、寫作和出版。事實上，他們甚至能影響乃至於決定人們吃什麼東西，所以影響歷史寫作，非常容易。我在〈蓋棺論定與意見的自由市場〉一文中已經指出來。所以說，一個歷史人物或歷史事件的最終解釋，非常不容易，而且受到政治力量很大的影響。

既然歷史研究的成果很難得到世人一致的同意，而歷史學者現在也承認要取得歷史的終極真相幾乎是不可能，那麼歷史的真相就只能經常存疑，留待後世的繼續追求。但是眾說紛紜，無所適從，畢竟也不是辦法。所以我提出「意見的自由市場」來處理這個暫時性的煩惱。我覺得它的好處就是維護歷史學者，使他們不受外來不當力量的干涉，並且在自由的學術市場裡公平競爭，以便至少可以產生暫時的勝利者。

歷史學者當然不會接受說這是決定真相（真實）的方法。我也不這麼想。不過在所謂「後現代」的今天，既然大家都承認歷史真相不容易得到，那麼市場就成了相對比較可靠的決定勝負的場域。至於歷史學本身的研究方法及遊戲規則又該如何呢？這個我只能說，歷史學問的種種規範也都還在不斷地演進，它們會繼續與自由市場並存，相互激勵及競爭。用一句老話來說：真理越辯越明。有一天，真理終會向我們顯現，讓我們看清楚一切。我們何等期待這麼一天的來臨。不過，在真理通透顯露之前，用民主的原則保障的公平競爭應該是最有效而最能讓人信服的機制和方法。

本文提到的自由主義思想家：（從左上順時鐘：赫爾姆斯，彌爾頓，亞當斯密，洛克，彌爾夫人，彌爾。）

馬丁路德與現代世界

今年十月三十一日是馬丁路德在威登堡（Wittenberg）提出「九十五條論綱」，發動宗教改革五百周年的紀念日。今年春天，我到德國開會，已經到處看到慶祝這個紀念日的各種準備活動。宗教改革看似一種與現代價值相反的歷史發展，但是它對現代價值的締造，其實有不少正面的貢獻。現在就其犖犖大者，簡單提出來與大家同享。

天主教的腐敗

一五一〇年，年輕人路德到達羅馬。他來到正在興建中的羅馬聖彼得大教堂時，米開朗基羅（Michelangelo, 1475-1564）正在替隔壁的西斯汀小禮拜廳那片天花板作畫。但是路德對教宗這樣的揮霍和奢侈覺得非常的不耐，精神上更感到無比的拙折。文藝復興藝術的空前魅力和光輝，加上人文主義提倡人性的尊嚴，遂在商業和貨幣經濟的支撐下，繼續讓人們相信天主和教廷能保障這麼一個空前未有的榮景。但是要繼續揮霍，教會不惜用各樣的方法來搜刮金錢和財物。其中最受詬病的就是販售補贖券（過去譯為贖罪券）。

路德深深覺得他有必要站出來對教會做出批判。

當時一般的信徒除了去教會聽道之外，他們如果要了解信仰的內容，最重要的莫過於閱讀《聖經》，但是天主教的教義主張由主教神父來教育信仰，所以信徒一般並不擁有《聖經》，而就是有，多半也讀不懂，因為《聖經》只翻譯成拉丁文。路德認為每一個人不管受過多少的教育，都應該可以直接向上帝禱告，那麼他當然就應該可以讀《聖經》。在當時，用德文寫作的基本上還沒有人。事實上，德文也還沒有成型。路德於是決心翻譯《聖經》為德文。他的的翻譯不僅把基督教的真理用人人可以懂得的方言傳播出去，而且他的解釋也因此流傳開來。路德的用心和印刷術發明以後的宣傳手法可以說是他改教成功的重要原因。

保守主義的革命與革命人格

要讓基督新教變成社會普遍接受的信仰，這不能沒有像路德這樣的領袖。只要一翻路德的著作，我們很容易就可以找到他發脾氣，叱責人的文字。下面這兩句話就很傳神：「我不懂什麼是小心或尊敬。我激烈、諷刺、〔而且〕無懼」，「我不因群眾的反對而退縮；事實是他們越憤怒，我的精神就越昂揚。」但是這並不表示他是以好勇鬥狠的手法來取得勝利。寫《青年路德》（*Young Man Luther: A Study in Psychoanalysis and History*）的艾瑞克森（Erik Erikson, 1902-1994）就說他是一個十分服從，性情溫柔的年輕人，其實非常聽從父親的教訓，所以信教非常虔誠。他雖然選擇去修道院（家庭虔誠教育的結果），而不去攻讀法律（父親的願望），但這正好表示他要在一個更高的層次上面達成他父親和家庭的期許。

在修道院的苦修生活裡，路德才從完全的順服裡，發現單靠自己的力量，並不能獲取靈魂的解放和救贖。這下他開始感覺到究竟「我」是什麼？我能做什麼？他來到了一個「認同的危機」的階段——從前的我和今日的我必須割斷，這樣才能完成他生命的完全「自由」。

從此，路德走上了偉人的不歸路。他雖然過著非常忙碌的生活，但是他一直保持接近自然的習慣，愛好農人的樸素生活。他的婚姻及家庭生活美滿，固然不在話下，更重要的是他明顯地享受與一般農民相聚作樂或歌唱的時光。

他的素樸生活習慣與他疾惡如仇的個性也許看起來是矛盾的，但是實際上卻是一致的。這就是宗教改革能在比較偏重農業的歐洲北方成功的重要原因。雖然路德並不贊成用激烈的手法來推動改革宗教，但是他卻成就了革命的事業。這是他人格特質的展現。因此，我們可以說他是一個保守主義的革命家。

從此，革命性的變革變成近代世界的一個正面價值，直到共產革命為止。

庶民教育與識字率的提升

十六世紀末葉，德國以及北歐的新教徒的識字率已經高過天主教的國家（法國、西班牙、意大利等地區）。十七世紀時，德語地區的商業也跟著繁榮，取代了傳統的漢薩同盟（Hansa 或 Hanse）。這樣的繁榮有複雜的因素（例如王室的通婚，銀行事業追隨意大利而發達），但是主要來自德語區教育程度的普及。甚至於荷蘭工商業的繁榮也主要是集中在與德語（或荷蘭語）相近的弗萊明語（Flemish）地區。經濟的繁榮很快地超過意大利，並在下一個世紀與西班牙可以相侔而競爭。荷蘭人在一六〇二年成立的有名的荷蘭東印度公司更是一個重要的里程碑。當時已經流行一句話：荷蘭的富有程度已經到了「讓有錢人都覺得不好意思」。

識字率的提升有各樣的原因，但是無疑的是因為新教地區特別強調要重視一般人的教育。今天，瑞典是全世界識字率最高的國家。瑞典在一五二七年就由國王宣示接受路德的宗教改革。總之，德語地區的教育提升得很快，而經濟的繁榮也在十七世紀到了空前未有的高峰。我們可以想像在當時，人們最熟悉的書不外是路德的作品。現在有學者認為天主教地區的識字率並不見得低過新教國家，但是無疑的是宗教改革最先帶來了重視平民教育的這個覺醒。

資本主義精神

這裡應該也提到的是路德對經濟活動的態度。因為它對德語地區也有莫大的影響。首先，韋伯主張新教的倫理是近代資本主義的基礎「精神」。當然，韋伯不是說資本主義的發達主要是在新教地方。簡單地說，新教（特別是喀爾文派）的倫理有一些特質：對自己死後的得救非常有自信，並認為規矩地積累財富是信仰最切實的表現。就是說，賺錢來證明一個人已經得到上帝的救贖，這豈不是很好？勞苦工作，領取合理的報酬（包括合理的利息），這些本來是宗教共同的倫理信念，但是在新教的教義當中，卻另外有一點比較突出，那就是對所賺的錢應該可以做合乎倫理的再投資。這種以錢生錢的經濟行為，在歐洲當然是剛剛萌芽，天主教會對這個現象還沒有作出系統的論述。但是在新教的國家，它卻得到了正面的評價和鼓勵。於是資本主義的精神就在歐洲北方發展了起來。路德和宗教改革在這裡做出了重要的理論貢獻。

附論

路德宗派是在鴉片戰爭前後傳到中國的，台灣則一直要到二次大戰之後才由中國大陸隨國民政府轉進來台灣。在華語地區，路德會（通稱為信義會）大概在一九三〇年代最為活躍。其實早在康有為提倡以儒家為國教時，是不是曾受到瑞典（以路德宗為國教）的影響，這個也值得討論。我雖然不認為如此，但是康有為在瑞典及德國的經驗無疑是愉快的，而且還在瑞典買了一個小島。所以說他在新教的國家看到孔教會想法的「印證」，應該也是可能的。一九三〇年代有關路德的文章還見諸非教會的刊物，像《中央半月刊》（1930），《北大學生》（1931），《中華教育界》（1933），《圖書展望》（1935）等。有的文章拿他來與中國的人物作比較：顏習齋是「儒家馬丁路德」，「東方路德太虛太師」云云。不一而足。以路德在歷史上所佔的這麼重要的地位，他是應該受到我們更大的注意和研究的。

（這篇文章是我於二〇一七年十二月在香港中文大學《二十一世紀》發表的同名文章的部分，原文大概有六倍長，並及諸如路德的正義觀，婦女觀，反猶思想等等）

——二〇一七年七月末日於美東紐約佳柏谷

作者夫婦在威登堡馬丁路德銅像前留影。

海上霸權與民主制度的弔詭關係

古歐洲的海權國家最重要的本色就是不可避免的對外擴張，製造殖民地。希臘土地貧瘠，所以大量移民海外。他們帶著希臘的文化建立各樣的殖民地，而這些殖民地也成了豐富希臘文化的基地。希臘本來的文化則又是由克利特（Crete；基督教聖經〔和合本〕翻譯為「革哩底」）傳來，所以西方的海洋文化歷來都受到希臘文化的啟發，一般也都是採用城邦政治，甚至於模仿雅典，或羅馬的共和體制，而他們的文化也豐富了歷史學者對希臘羅馬文明的想像。

更重要的是航海的特性：人類在沒有發明羅盤以前，大致都要靠著海岸航行，不敢隨便航向四顧無人的大海。希臘及羅馬發展成為海洋國家就是因為他們是在地中海，而地中海又是一個特別安靜的內海，滿佈島嶼，因此他們兩國人所認識的海洋與平地幾乎是相同的。

希臘歷史上最著名的戰爭是波斯戰爭。事實上，這場戰爭強化了希臘人對海洋霸權和生活方式的信心。對希臘人來說，海洋生活和文化是自由的，公民自主的，也是穩定的。波斯是君權專制，也就因此造成所謂「獨裁」，甚至於「暴政」。在歷史上，波斯其實對外族的宗教是相當寬容的，猶太人的經驗就是如此，波斯國王亞哈隨魯（Ahasuerus；一般認為就是希臘人所說的薛西斯一世〔Xerxes I, c. 518-465 BC〕）就娶了一個猶太女子以斯帖（Esther），從此猶太人就被接受住在波斯，一直到今天。但不能否認的是東方專制（oriental despotism）的想法一直存在西方人的歷史想像中。晚到十九世紀，馬克思也認為中國的歷史發展形態與西方不同，有它「東方社會」的特色，而這個特色，大部分的左派思想家便認為是專制。總之，作為海洋國家的希臘等國最懼怕的正好都是專制國家。有趣的就是：歐亞大陸東邊的大陸型國家偏偏總是與君主專制連在一起。中國和波斯之外，後來入侵歐洲的蠻族、匈奴、蒙古帝國、伊斯蘭帝國都是例子。也許我們可以說這些國家不都是專制國家，說他們是專制，這是西方歷史家的偏見。事實上，英國劍橋大學印度裔的諾貝爾獎經濟學家阿瑪蒂亞・沈恩（Amartya Sen）便很稱讚莫臥兒帝國（特別是阿克巴〔Akbar, 1542-1605〕國王）的

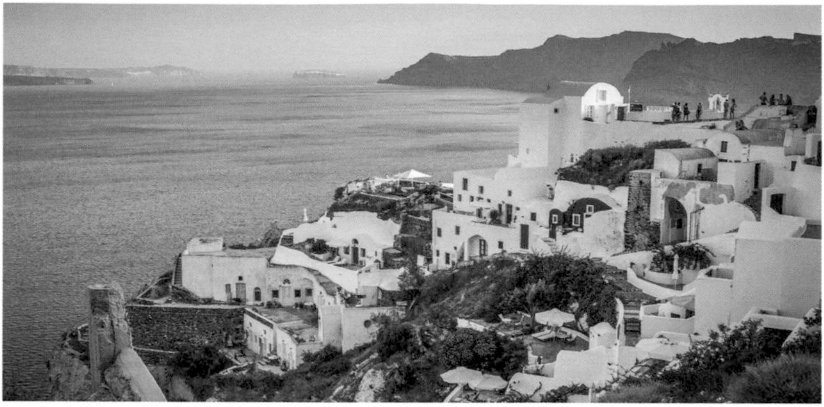

民主制度的發源地：平靜的愛琴海。

大公主義。近年來，奧柏林學院的韋德福（Jack Weatherford）教授便主張說近代世界重要的文化特質（例如宗教寬容）很多都是蒙古人帶來的。不過這些稱讚大陸帝國對現代文明的貢獻的人，著眼的是東西方文化的交流，中國的火藥、印刷術、鑄鐵、蠶絲的技術，印度的代數學觀念，坩堝煉鋼法等等，有學者甚至說帖木兒帝國對歐洲文藝復興有極重要的貢獻，但是這些發明對他們文化的影響卻沒有受到詳細的討論。

有歷史學家指出，這些帝國應該與草原帝國分開來處理和研究。所謂的草原國家就是如斯基提亞（Scythia）、匈奴，早期的突厥，通古斯族的夏，契丹族的遼，女真族的金，沒有文字以前的中亞地區的諸國。這些內陸國家由於很晚才發展文字，所以在文化上無法留下清楚或重要的記錄，談不上有可以讓我們思考的重要性。草原國家缺乏穩定的疆界，所以一般稱為遊牧民族。他們保護自己最重要的武器就是不斷的遷徙、逐水草而居。他們一旦開始定居的農業，學習他們所征服的「國家」的生活方式，建立行政體系和政府，大多數就採用集權的君主制度。由此可見，不管是上面所說的大陸型的國家或帝國，或是遊牧民族的部族組織，他們的政治行為都避免不了專制和集權，為什麼這樣呢？有學者指出，遊牧生活的不安定性遠遠大過近海航行的海洋生活。海洋的界線從人類開始航行就非常清楚，而且不會經常大幅度改變。但是陸上的帝國疆域就常常變化，而且受氣候變遷的影響也比較大。然而，一個非常有趣的現象是：大陸型國家在近代以前，物質文明的創造力卻比較豐富。中國及伊斯蘭國家明顯發展出科學革命以前絕大部分的生活工具，文學作品，乃至於科學發明。古代的印度文明發展在恆河及印度河流域，也是一個大陸型的文明，它對西亞及地中海文明的貢獻也昭昭在目。我們從希臘古代的作品裡可以看見文明的流向大多是由印度流傳到地中海地區。相比之下，海洋帝國的特色是透過擴張而吸收外來文明，充滿了彈性和與時俱進的生命力。不斷透過經濟（而非土地）的掠奪，來吸取新文化，以維持自足的生活方式，而綿延長久。

大陸國家的內在生命力到了地理大發現以後，因為無法因應海洋國家的予取予求，於是就逐漸衰弱。毫無疑問的就是，海洋國家雖然具有民主國家的特性，使用的是比較接近民主理想的政治社會制度，但是它們卻必須不斷擴張，汲取外來的資源，最終發展成為帝國，或採取帝國主義的政策。這個就是我所說的弔詭性。相比之下，大陸型的國家就缺乏這樣的動力，雖然他們的歷史充滿擴張及征服，但是如果我們把大海也視為政治領域，那麼世界上最大的帝國絕對不是蒙古帝國，而是聯合王國。大陸型的國家花在維持內部的穩定或說「維穩」的資源遠遠大於海洋國家。這個弔詭性也可以在西歐近代的思想史上面看得很清楚。一方面，西英法荷諸國在海上競逐，發展殖民地，最後更發展為帝國主義，但是另一方面，他們同時發展了理性的科學，並在啟蒙運動的時代發展出前此未有的近代民主自由、資本主義、人權思想等理論及制度。這些觀念很多都是與其他文化接觸的結果，卻令世界各國欽佩嚮往。發展出廢除奴隸制度的也是這些最早到外地去擄掠奴隸的國家。你說這個是不是很弔詭？（殖民地這個字源出中古拉丁文，他的現代用法是十八世紀的孟德斯鳩第一個倡議使用的，但是他個人非常反對奴隸制度。）

近代東亞歷史的內在困窘就是如何面對大陸型國家的難題。他們想要面向海洋，卻被絲路的想像所捆綁，難以脫身。明末的東南海盜和倭寇代表的正是對大陸性文明的反抗，它持續了一百多年。這樣的困窘在日本比較看不出來，因為到中國來實習如何擴張的同時，西方的海上勢力已經東來。他們的掠奪性格是東亞國家所一直感受的。日本人早一步看出海權立國的弔詭性格，因此他們在明治維新之後，馬上開始學習英國的議會制度，推動君主立憲。日本帝國的興起卻同時帶給日本人自由開放，乃至於多元社會的價值。這一點在中國不是沒有人看到，但是能把它放在世界史的脈絡看的，非常的少。就是五四西化派，也未必真正感受到這種弔詭性。

中國下一步該如何走？我的答案已經在海洋文化的弔詭性這個論述中提了出來。中國發展海洋的世界觀，以及強大的海軍力量，這都是不可免的。它必須也欣賞海洋文化不斷吸收其他國家的理性、民主、及自由的價值，不然它的海上霸權會像日本一樣，稍縱即逝。

——本文為二〇一九年十月十九日大紐約區臺大校友會年會的主題演講部分講稿

絲路上的瘟疫

現在美國差不多所有的教科書都說黑死病的起源是因為蒙古軍隊打進了雲南，破壞了該地本來的生態平衡，結果染上了「鼠疫」（現在很多學者認為老鼠本身不是帶原者，而是牠們身上的寄生蟲），並把它帶出來，從而散播到中國中原，又傳染到中亞、歐洲。這種說法與天花傳入並在美洲流行的歷程非常相似，因此西方學者很容易接受。

第一個提出前述黑死病說法的是名史家麥耐爾，他生前與何炳棣交好，也是同事。很可能是何炳棣提供他一些有關中國歷史上的天災人禍的資料，於是麥耐爾就猜想會不會是蒙古軍隊把它帶出去的。這個說法見於他的名著《疫病與人類》，不過他沒有表示這是何炳棣告訴他的。他倒也很誠實，承認這是他的假定，並說需要進一步考察看看中國在蒙古人征服雲南（大理）之後（1253）其他地方有沒有爆發「傳染病」的記錄，因為這樣才好證明他的說法。就我所知，到目前為止還沒有中國人仔細爬梳文

作者與麥耐爾教授合照（2012年夏天）；麥耐爾是第一個提出西歐黑死病可能是蒙古人從雲南帶出去的學者。

獻提出正反的證據。不過我記得他在書中是引述了陳高傭主編的《中國歷代天災人禍表》（1939）這本中文書。

現在，鼠疫是蒙古人從雲南帶出去的說法已經普遍為學者所接受，寫進了世界史的教科書。事實上，有的教科書還說中國文獻記錄早從先秦或秦漢時代就已經有鼠疫的記載，更說霍去病是因為喝了帶有瘟疫病菌的水而死的。各種癘、疫的記載早在中國先秦文獻已出現，這一點毋庸置疑，但是我倒是第一次讀到霍去病是死於瘟疫的說法。原來在中文著作裡，霍去病因得瘟疫而死的說法也是近年來才出現。在西方，這個說法倒已流傳了一段時間，例如上世紀非常有名的威爾斯（H. G. Wells, 1866-1946）在他的《世界史綱》裡就提到過。近來因為史學家夏瑪在公元二〇〇〇年出版的《不列顛史》（*A History of Britain: At the Edge of the World ? 3000BC–AD1603*；後來續寫了兩冊，終以公元二千年。）再一次提到它，使它又重新流行了起來。在中國的正史裡，確實有匈奴人「使巫埋羊牛所出諸道及水上，以詛（敵）軍」的說法。早在漢武帝的時候已經有記載（《漢書》〈西域傳下〉），不過中國的史書倒是沒有說霍去病就是中了瘟疫而死。第一次在戰場上用拋石機把死病人的屍體拋入敵營的記載，確定可靠的是發生於一三四七年。當時蒙古人包圍了黑海邊的大城喀發（Caffa；現在名「Feodosia」，在克里米亞半島上面）。據當時人的記載，蒙古軍隊採用這樣的戰術，造成了上百萬（千萬？）人死亡，引發空前的恐慌。蒙古人打進雲南（大理）早在一二五四年，而喀發的圍城則是在一三四七年，兩者相差近一個世紀，因此這個連繫顯得十分薄弱。雖然從一二五四年到一三四七年，中國史書記載有多次的疫病（很容易在史書的〈五行志〉找到記載），但是這些記錄太過簡單，很難作為嚴謹的第一手證據。至於說生物戰的起源是匈奴人，並且還害死了中國歷史名將霍去病，這樣的「故事」說起來固然津津有味，但是很難確定它是歷史的事實。順便說一句，包圍喀發並使用拋擲死體來引發瘟疫的是蒙古人，而且發生瘟疫的年代是一三四七年，正好與西歐文藝復興大瘟疫的年代大略相同。因此歐洲學者從十九世紀中葉就提出這場瘟疫是從咯發所在的中亞地區（黑海與裡海地區）傳播過去的說法。不過根據加州大學的惠理斯（Mark Wheelis）的研究（二〇〇二年），這個說法並不正確。

過去西方學者對伊斯蘭地區（或說東方，Levant）總有一種神祕的幻想，因此對於文藝復興時代殺死了幾乎一半人口的黑死病，很自然地想像說是從中亞傳來。文藝復興作家薄伽丘（Boccaccio, 1313-1375）所寫的《十日談》（*Decameron*），其中便收入了不少波斯、阿拉伯文學的神奇故事，使得它洛陽紙貴，膾炙人口。可見神祕的東方中亞在西方的人文想像裡佔有多麼重要的地位。近代許多學者也說天花最早的紀錄見諸於印度和中國的文獻。我真是覺得究竟印度人或中國人是不是應該以此為傲。進一步說，現在歷史學者（二〇一三年）又提出黑死病的瘟疫早在第六世紀查士丁尼大帝時代就已經發生。再一次他們又「發現」這一類的細菌與現代中國天山以及中亞發現的細菌相同。絲路上的確有千千萬萬各樣的事情在發生。我教中西文化交流史時常常講述諸如各種宗教、四大發明、鑄鐵、鑌鐵、劍鞘、長生的生物化學觀念等等如何在絲路上輾轉傳播，不時感到興奮，而覺得人類文明因為交流而轉向壯大，這樣的事跡真是非常引人。然而，絲路上面也不斷傳播著各樣的病毒細菌，讓我們知道，人類都有相同的生理和命運。

我對於蒙古人把黑死病從雲南帶出來的說法原來是存疑的，因為歷史上的「疾病」，各地方的認定總會有不同，而且加上氣候的變遷，細菌或病毒的突變，很難斷定某一種歷史上的疾病就是現代醫學所認定的疾病。加上中文文獻材料多待整理，很多人只是道聽塗說，很容易拿別地方相似的現象附會或比擬，因此給了它相當程度的可靠性。我個人認為存疑是一個比較可靠的態度。

中國和印度（再加上我們常常忘記的以色列）是歷史上比較早使用文字的文明，因此各樣人類文明的創制或遇到的疾病都可能先出現在這兩三個文明的文獻記載。好壞都有。偏偏疾病或傳染病好像最可能出現在中印兩國，這恐怕不只是歷史的巧合吧！中國「地大物博」而且人獸雜處，又喜歡吃什麼「野味」，所以經常會產生各種新生的病菌。對於這樣的文明特質，中國人學者每每愛用中國人相信「天人合一」，有極為深刻的「環境關懷」來加以美化。連我一向也相信這樣的說法。不過證之病理學的研究，則可以認為中國文化對於自然的想像及理想的堅持還是有一段路要走。

這一個世紀才不過五分之一，就發生了兩次從禽獸傳給人的瘟疫，這就不免使我漸漸相信近代醫學史指稱很多傳染病是發源於中國的說法，使我對上面鼠疫源於雲南的懷疑產生動搖。對於絲路上面可能流傳東西的種種生物，歷史學家實在有必要做更系統而深入的研究。

甘肅酒泉的霍去病雕像。他是死於瘟疫嗎？

幫會、行會與社會：幫會的特質

世界上最有名的幫會可能就是起源自西西里的黑手黨。從西西里遷移到美國紐約的移民繼續了黑幫的傳統，在上一個世紀發展，成了美國最大的黑社會組織，成員多達三千人（二〇一七年美國聯邦調查局的資料）。當然，由於《教父》電影，我們對他們總是有一種非常曖昧的印象：遵守組織的嚴格內規，就是殺人也使命必達；另一方面，為實現組織的理想，就是犧牲自己的生命也在所不惜。如此「高超的美德」在東亞儒家教育下的一般人看來，才是為人的最基本道義。進一步說，很多幫會都曾經被政府徵召去做正規執法機構不好出面去做的事，連黑手黨人也不例外，而他們也頗自豪，認為他們是愛國的意大利裔公民。

以上的簡單介紹相信一定會讓人們想到台灣的竹聯幫。其實，按照美國聯邦調查局的資料，竹聯幫有多達一萬人的會員，豈是黑手黨可比擬。我常常笑說，多年替台灣黑幫拍電影的朱延平不幸英文不夠好，不然如果像吳宇森一樣到好萊塢發展，說不定會成為世界級的黑幫大導演。研究中國幫會歷史的戴玄之認為中國的祕密社會可以上溯到明代，他的看法影響了整個領域的研究方向。但是怎麼可能在明代以前沒有類似幫會的祕密組織？一定有的。有趣的就是清朝以前的中國歷史典籍裡，不僅沒有「幫會」或「幫派」這樣的字眼，就是「幫」這個字也是到了宋代以後才有結黨成幫的意思。在宋代以前，它通常是指城邦的邦，或者是指駱駝背上的峰。宋代以後才出現「幫寇」、「幫子」的語詞，「幫忙」或「幫助」也是宋代以後才出現。換言之，現代人所說的幫會，在宋代以前並沒有這樣的用語。

當然，我們都會同意，祕密結社或祕密社會曾經以各樣不同的名稱存在於宋代以前的中國。但是就如同故唐德剛先生常常說的「傳統中國有國家，但是沒有社會」，傳統中國的確說不上有現代意義的社會。這就是為什麼當西方的「社會學」興起時，梁啟超會把它翻譯成「群學」。「社」跟「會」這兩個字都是中國原有的觀念，也是曾經存在的實體。但是中國史學家從來不加以重視，也因此從來就沒有法律保障的獨立地位。如果這樣的社會組織要追求不受政府的管制，那麼就會變成所謂的叛亂團體。從歷史學家的角度來看，那就是非政府的社與會，實際上不會是人們做道德褒貶時需要考慮的元素。中國社會的組織還有「行會」，它和商業行為有密切的關係，但「行」的出現恐怕也是唐宋以後的事。《夢粱錄》記錄宋代杭州有各樣的「行」，而《黑韃事略》這本書也說在蒙古人控制下的北方，竟然有「教學行」、「乞兒行」的組織。明末又出現很多的社，如東林黨人的「復社」，它就是正統思想下的正面組織，但是也有學者認為他們是一種幫會。

以上主要是說，中國當然有社會，但是政府屬下的機制，沒有合法獨立存在的空間，如果想要爭取自外於政府的空間，那麼唯一的結局就是被視為叛亂團體。例如黃巾、孫恩、盧循、王小波、張獻忠、李自成等等所領導的所謂「起義」，不能不說起初本來可以是一種「幫會」，但是由於沒有存在的空間，所以就變成了動亂。

由此看來，中國社會發展到了唐宋以後，各樣組織大量出現，政府逐漸失去系統地全面監督或控制的能力。事實上，政治性質的「黨」也開始成型。在這之前，任何「黨」都是被否定的，正如孔子所說：「君子群而不黨」，所以漢代的黨錮被稱為禍，唐代的牛李黨爭也被認為是唐代覆亡的重要原因。但是到了宋代，歐陽修竟然寫了一篇有名的〈朋黨論〉，認為結黨是很自然的事，即使君子也是如此，皇帝好好利用就好。如果不讓君子結黨，那反而會亡國。蘇軾（1037-1101）也寫了一篇〈續歐陽子朋黨論〉，補充歐陽修的看法，而且更為寬鬆，認為不能對小人之黨趕盡殺絕：「奸固不可長，而亦不可不容也。若奸無所容，君子豈久安之道哉！」不僅承認結黨的不可避免性，更進一步認為即使小人結了黨也必須縱容，免得君子因此不敢結黨。可見宋代以來，幫會朋黨之類的組織逐漸被讀書人所認可，而到了明末，連讀書人也知道除了在政府裡難免需要結黨結派，就是在社會上也少不了必須動員相同理念的人組成所謂的社，像最有名的復社、幾社、中江社（桐城）或登樓社（杭州）都是。另外，以會為名的，如省過會、茶會、惜陰會（王陽明有〈惜

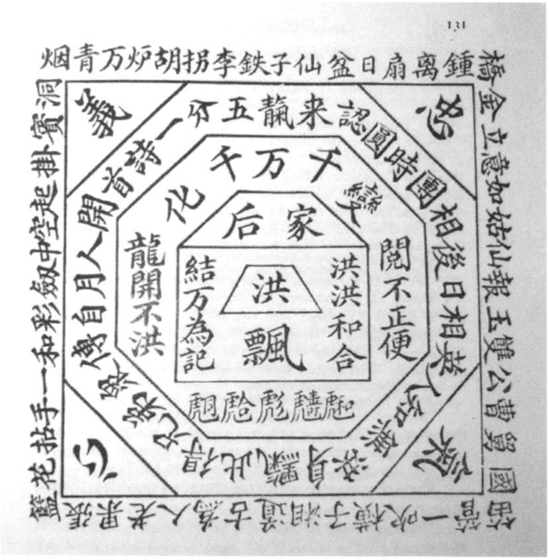

19世紀末廈門洪門三房腰牌。

陰會說〉）等也是類似的組織，他們與天地會、哥老會或洪門會不完全相同。在傳統中國，前者的發展被視為是正面的，因為他們反映的是傳統道德價值。

事實上，只有少數的學者認為明末文人的結社是屬於現代人所說的幫會。不過如同我在上文所說的，就是現代的幫會也有受政府歡迎的活動，所以傳統民間的結社也會有正面的貢獻。只是因為不是讀書人的組織，所以沒有能在中國歷史想像裡佔有正面的形象。

如上所說，幫會活動在明末已經發展得很興盛，除了因經濟繁榮，反映資本主義萌芽的特色，也因明遺民以及鄭芝龍、鄭成功一家人的活動，像洪門及天地會多與「反清復明」的活動有關連，而為儒家正統思想認可。青幫是從漕運幫發跡，而漕運幫多是護衛漕運（運河運糧）的失散兵勇（下層士兵）所組成，他們茁壯之後，政府往往取其方便，徵用他們來保護糧運，於是青幫到了滿清中期就發展成很大的幫派，連地方政府都要看他們的眼色。正規軍隊雖然歸朝廷命官帶領，但是下層部隊完全是幫會成員，官軍與幫會竟然變得很難分清楚。五十年前，哈佛大學教授孔飛力（Philip Kuhn, 1933-2016）寫了一本書，題為《中華帝國晚年的叛亂及其敵人，1796-1864 的軍事化與社會結構》（*Rebellion and Its Enemy in Late Imperial China, Militarization and Social Structure in 1796-1864*；按：此書雖然很早就翻成中文，但是不如他其他的作品受到中文世界的重視。）書中就指出地方正規軍隊與叛亂集團的組織方式非常相似，等於是說政府軍（以「團練」為代表，團練就是地方士紳召集的地方武力）隨時可以淪落為流寇，而叛亂集團（以「鏢店」或「鏢局」為代表）必要時可成為地方政府仰賴維持治安的官兵。這樣的說法也有很多人提起過，但是系統的學術研究則以他的說法最受注意。（清末名法律史專家沈家本（1840-1913）說：「匪類游息日久熟悉地形，兵至則散而為民，兵退則聚而為盜」。）

在台灣，從鄭芝龍及鄭成功父子的時代開始，幫會的性質就已經非常明顯，特別是洪門。洪門又和天地會結合，其中以林爽文為最有名。林爽文之「亂」是台灣史上的大事。事實上，中國近代史上的幫會很多都與閩越地區有關，而台灣作為福建移民外國的大本營，自然與幫會的發展有千絲萬縷的關係。一九四九年以後，國民黨政府來台，也把青幫帶入台灣，像海軍就長年受到青幫的支配。簡單地說，中華民國革命史和幫會集團的活動是分不開的。前哥倫比亞大學韋慕庭（C. Martin Wilbur, 1908-

1997）教授在他寫的孫逸仙傳記（*Sun Yat-Sen: Frustrated Patriot*）中就詳細描繪孫先生一輩子與幫會之間的各種糾葛。游移於正統思想與武力替天行道之間的中國近代幫會，其道德觀念與傳統儒家思想、民間宗教（特別是佛教）倫理，以及元代以後發展出來的善書都有關係。自來研究的人很多，希望未來有機會再做介紹，好說明為什麼到了今天，幫會的義理世界和造假的武俠小說還是那麼吸引人。

——二〇二〇年六月十二日寫於紐約華萍澤瀑布

傳統中國的叛亂思想

我在二〇二〇年七月寫過一篇有關中國幫會歷史的文章。文中我沒有明白指出的一點是我們熟悉的幫會似乎是明代以後才大量出現。當然，我指出歷代不乏秘密社會，但是他們在歷史記述裏面，不外就是反抗政府的活動，我們很少看到他們提出系統的新政策或思想。也就是說，歷代反抗政府的組織基本上都只是反抗社會資源分配的不平均；他們對政策本身，社會倫理，或階級結構就很少提出批判。相同地，唐宋以後以科舉為分配社會階級或資源的標準也鮮少有所批評（黃巢屢試不中，但是曾經系統批判科舉制度嗎？）這種情形大概到了明清以後才開始有所改變。

我在那篇文章中認為中國社會到了唐宋之際已經逐漸複雜，社會產生各樣的新組織，政府漸漸無法全面控制。政府的關心留在傳統所謂的「叛亂」上面，而其他不會衝擊政府的活動或組織就比較不受重視。我現在舉一個有趣的例子來證明：宋代初年發生了有名的王小波李順之亂。這場叛亂只有短短四年，但是引發了相當的衝擊。王小波的口號是：「吾疾貧富不均，今為汝均之！」當然，一般史學家認為它是因為政府的稅負不公平，所以王小波帶領農民起來抗爭，是典型的「農民起義」。但是稅負的不均與政府的腐敗其實還可以進一步分疏：那一個才是真正的理由呢？政策本身不健全未必一定產生反抗，而即使政策健全，政府官員腐敗也可能引致激烈的抗爭。

從宋代以後，所謂的「農民起義」開始產生了有所謂的意識形態。我的意思是，讀書人討論對社會抗爭的原因時，就不再完全都是飢民反叛。例如北宋中葉的方臘、南宋初的鐘相、楊幺，他們的「叛亂」就都帶有濃厚的民間宗教的色彩（摩尼教，或是明教），他們對於社會的結構或什麼才叫做是「社會正義」開始有更為深入的想法。例如方臘對於社會風俗提出了與儒家傳統不同的主張，「斷葷酒，不事神佛、祖先，不會賓客，死則袒葬。」當然，這種自外於正統習俗或理想的做法至少從漢代的黃巾賊已經有了，但是到了北宋，他們已經集結成一種意識形態，就是說：像方臘這樣的人是有意識地想要建構新的世界秩序，而不只是想要「彼可取而代之」而已。

事實上，方臘（1121-?）的「叛亂」（或說「起義」；傳統史書一般稱為「方臘之亂」）有一個很重要的特點，那就是針對朝廷裏的腐敗權臣們。但是兩派人在歷史記載上都是壞人。這就給我們產生了道德判斷的困擾。事實上，連應該是站在官方正統的洪邁（1123-1202）也對方臘顯露出相當程度的同情：「臘之耗亂可哀也已。然所以致是者誰歟？」

方臘之亂以及童貫等北宋末的權臣（童貫是宦官，但是在朝中當了大官；其他還有蔡京、高俅等官員）後來被寫進《大宋宣和遺事》這本小說。小說中也提到了其他史書很少記載的宋江。這本書成了後代《水滸傳》的張本。這些所謂的「野史」流傳了對叛亂事變的「非官方」觀點。

《水滸傳》的中心思想就是「替天行道」，一般認為是中國反叛思想的代表。從孔子以來，朝代更迭，從來都是用「天命」來作為藉口。既然要替天行道，那麼反叛的思想其實也還是來自「天命」。天字其實也可以說是「天子」，因此從魯迅（1881-1936）以來，許多人認為《水滸傳》到頭來還是沒有真正要反叛。宋江最後更率領了梁山泊的好漢們接受朝廷的招降。宋江畢竟是一個讀書人，所以他對「替天行道」的瞭解不外是忠於天子皇帝。

「忠」這個字很有深意。它常常和「義」字同時出現。《水滸傳》在宋江成了寨主之後，把議事的地方正式定名為「忠義堂」，表現出「忠」的特色（下面再談「義」），按照毛澤東的說法，這就是因為宋江要的是忠於皇帝，接受招安。從此「忠義」還是成了所謂幫會或叛亂團體所常常標榜的口號和價值。在金元統治下的北方，反抗外族的各樣組織，常常自稱是「忠義人」。因此《宣和遺事》固然說「宋江為帥，廣行忠義，殄滅奸邪」，卻又說抗金忠臣宗澤（1060-1128）是「宗澤忠義，若得數人，天下定矣。」這樣的曖昧說法。到了明代，地方兵勇，也常常稱為「忠義營」。因此「忠義」一類的口號，其實都還是接受宋代以後儒家忠君觀念的影響。

「義」的觀念對所謂的幫會思想或叛亂團體非常重要。本來它也是儒家非常核心的觀念，但是在正統思想裏面，「義」與其他重要的仁、禮、智、信、道等觀念比較，似乎具體得多，在實踐上面比較容易。這一點在《康熙字典》引用宋代人洪邁的話可以看出來。洪邁說：

人物以義為名，其別最多。仗正道曰義，義師，義戰是也。眾所尊戴曰義，義帝是也。與眾共之曰義，義倉，義社，義田，義學，義役，義井之類是也。至行過人曰義，義士，義俠，義姑，義夫，義婦之類是也。自外入而非正者曰義，義父，義兒，義兄弟，義服之類是也。衣裳器物亦然。在首曰義髻，在衣曰義襴，義領之類是也。合眾物為之，則有義漿，義墨，義酒。禽畜之賢者，則有義犬，義烏，義鷹，義鶻。

可見「義」帶有豐富的社會性。在一般人的想像裡面，或許因此特別嚮往行義。對於社會不公義的事情感到憤憤不平，最容易表達的就是說這是不義。

匡扶正義的極端表現就是「平均主義」：等貴賤，均貧富。貴賤講的是社會地位，而貧富則是指財富或金錢，兩者略有不同。我認為反叛思想主要集中在後者的分配問題。叛亂起事的人往往強調財富或稅負的多寡不是問題，分配不平均才是問題。明清善書充滿了前者這樣的思想。於是原始共產主義的平均思想成了社會公義的理想，《水滸傳》多次提到搶來的財貨要在忠義堂均分。當然，所謂「平均主義」，並不是絕對的，但是在反抗意識形態裏，既然講究公義，平均主義是至高的理想。正像奧古斯丁（St. Augustine, 354-430）說的，就是強盜分贓物，也要講公平原則。所以有些盜賊還要講究「專劫來往客商，那怕成群結隊，他定要均分一半。你若倔強對壘，只是白送了性命。倒有一件好處，鄰近村莊不去借糧打劫。」搶劫只搶一半，好像這樣才真的是公平。

不計較財富，專講究所謂的公平；要表現出對身外之物的不足惜，也因此產生了「大秤分金銀，大碗吃酒肉」，「大碗吃酒，大塊吃肉」的氣概。事實上，喝酒是所有大小盜賊、綠林好漢的共同象徵。魯智深、林冲、武松、一個比一個能喝；令狐冲、綠竹翁、祖千秋、丹青生，一個比一個嗜酒。至於吃肉，那就不用說了。至於其他財物，那也要表現出不屑一顧的魄力。

男人大碗喝酒、大塊吃肉，女人也不乏豪傑。例如《水滸傳》的女人多是能喝能吃的人物。不過一般小說中，凡是「女中豪傑」大概都是正面敘述，例如梁紅玉（1102-1135，按：這裏把她當作是真正的歷史人物）、秦良玉（1574-1648）、蘇三娘（太平天國）等等，而又是真實的歷史人物，沒有被過分渲染。小說中虛構的人物像《說唐》

的樊梨花，《楊家將》的穆桂英，以及《五虎平西》的八寶公主（狄青的夫人；不是屏東的荷蘭公主）等等，形象也是正面的，不好說他們是代表叛亂人物。這些人的行為特色除了武藝高強、忠貞守節之外，也都具備克守綱常（似乎女性受到「三綱五常」的束縛比男性還要多），扶貧助弱的特性。女中豪傑不管是政府的一員，或者是叛亂團體的一員，他們的倫理表現並沒有不同。

最後，還有一個必須注意的現象。這就是三教之外的民間非正統宗教的重要性。從黃巾開始，宗教一直扮演著一個非常重要的角色。到了晚清，太平天國也假藉拜上帝教發動推翻滿清帝國的革命。上面我也提到了摩尼教和明教。人類替天行道，無非希望明君出現，宗教家善於操縱人們這樣的情懷，就以一種超自然的力量來推動一般人無法做到的事情。如果正統儒家如黃宗羲者也都期望明君如箕子者的來訪，那麼神道設教，推翻儒家乃至於釋、道的秩序，好建立新的倫理世界，那就不奇怪了。太平天國大約是近代最後的一個假宗教之力起事的「叛變」了。

所以，以《水滸傳》的叛亂來瞭解中國的叛亂思想是不正確的。它沒有系統的改造社會運作的計劃，頂多只是誇大了儒家基本的倫理信條。所以它從來沒有被禁過。

事實上，還有許多怪誕不經的民間宗教結合信眾發動叛亂的事情，經由小說而流傳民間。他們所記述的價值才真的是叛亂思想。

——二〇二一年十二月十四日於臺北旅次

宋代摩尼教夷數（耶穌）佛幀；現藏山梨縣甲府棲雲禪寺。

輯三：讀書

漫談一些我比較愛看的雜誌

走到任何書店，你都會看到幾十種不同的雜誌在吸引我們的注意。由於經濟發展，加上行銷和宣傳，所以現在坊間的許多雜誌很多都十分專門（例如房屋仲介或時尚產業），以吸引特定的讀者；這些雜誌似乎很滿足於吸引小數目的讀者，因為它們的錢主要是由廣告費來的。綜合性雜誌的成長就不如這些以百貨、旅遊、時尚、或房屋買賣為主體的雜誌。

但是我們在日常生活中，免不了還是要吸收有關政治、社會或經濟現況及政策等等一類的消息，而更希望知道它們對我們生涯的意義。這一類的訊息和分析一般來自綜合性的雜誌、電視、或日常的談話。的確，今天在台灣，能提供我們一般資訊的最重要來源是電視，但是綜合性的雜誌還是不容忽視。以下分享在學習成為一個歷史學者兼知識人的過程中，一些對我有影響的雜誌。

我從小學時就愛讀《學友》。我相信許多與我同年齡的校友們一定都會記得這本雜誌。它的確提供了我許多的知識，也使我十分嚮往外在的世界，或冒險家或孤兒們所存在的宇宙。與《學友》大約同時的兒童雜誌是《東方少年》。兩者的內容大致相同，勉強應付當年還是十分窮困的台灣兒童們。五、六年級之後，課外讀物漸漸多起來，從《三國演義》到《薛仁貴征東》等等，大概也算得上是讀得懂的。我的父親替我訂了兩年的《中學生》。我不知道這本雜誌的編輯們是誰，但是我覺得它們很可能與稍後我也愛讀的《拾穗》的編者們大概非常相近：他們很多都是學科技的，但是對於文學、藝術或音樂都有興趣，而且有一定的素養。他們也對近代世界的科技以及西方文明的長處有相當的認同。因此這兩本雜誌就變成我在中學時固定的讀物。例如〈最長的一日〉（The Longest Day，當時譯作「漫漫永日」）以及〈南太平洋〉（Tales of South Pacific），原作者是米切納（James Michener, 1907-1997）就是最先在《拾穗》讀到的。當時，我父親也偶爾會購買英文原版的《讀者文摘》，我是很希望也可以讀它，但是我的英文有限，無法看得懂。幸好後來我在耶魯讀書時，一位同學笑說：「它的文章長短正好合適在每次上廁所時讀一篇」，纔讓我解除了多年的遺憾。

《七十年代》封面。

《經濟學人》封面。

現在常常被人提到的《自由中國》，老實說，我當時真是完全沒注意到。從小我的家教就是思考世界性的問題，對於本地的政治現況因此缺乏興趣，也因此一直要到大學畢業或去美留學之後，才留意到它的重要性。反而我常常看的是《文星》。這固然是因為《文星》雜誌有李敖，文筆犀利，而且膽敢肆意批評中國文化（多於政治現況），但也是因為《文星》介紹了許多新的、西方的思潮。這些思潮對我產生許多影響。我對存在主義、艾略特（T. S. Elliot, 1888-1965）、雅斯培（Karl Jasper, 1883-1969）的認識都是從《文星》開始的。對一個主修歷史、心智正在成長的年輕人來說，《文星》的重要性是不容忽視的。我日後對西方文明及思想繼續保持興趣，就是在這個時候奠立的。

一九六九年，我到耶魯大學去讀書。耶魯的大學部當然是世界上數一數二的學校，而耶魯的研究院則更以文、史領先其他的學校。我在耶魯時，歷史系正好如日當中，有超過八十位的教員，而整個大學還有許多其他治歷史（例如經濟史、社會史、哲學史、宗教史）的著名學者，所以我受到的影響真是難以估計。我除了受到包默（Franklin Baumer, 1913-1990）及彼得・蓋伊（Peter Gay, 1923-2015）的教誨之外，也曾去旁聽帕利坎（Jaroslav Pelikan, 1923-2006）的基督教教義史，都受到相當的啟迪。有趣的是彼得・蓋伊和帕利坎都推薦我應該讀《紐約書評》（*New York Review of Books*）。於是我從此就變成它的忠實讀者，歷經四十年而沒有改變。《紐約書評》是紐約地區的文化人（很多是猶太裔）所創辦的。當時剛出版不到十年，但是已經成為美國知識人十分重視的讀物。大學教授或研究生差不多人人都會讀它，以汲取最新學術及文化出版物的消息及評價。它的立場明顯是自由主義，而偏向左傾或激進主義（radicalism）。教我中國近代史的史景遷就常常在那裡發表書評。《紐約書評》所有的文章都是應邀寫的，不接受投稿（除了信件以外），可見它的重要性和影響力。事實上，《倫敦書評》

（創立於一九七九年）就是模仿它的。兩者我都喜歡看，而後者立場比較溫和。近年來，或許是年紀比較大了，我常常覺得《紐約書評》的意見過分極端，批評時政的也稍嫌太多。《倫敦書評》則比較堅持它的學術旨趣。

《紐約書評》和《倫敦書評》的內容都非常深入，不是一般大學生能欣賞而馬上愛讀的，但是它的文字都非常洗練而精確，像史景遷的文字就有這樣的特色。其他的作者們（包括也偶爾寫中國問題的馬毅仁〔Ian Buruma〕）也都文字精采，震懾人心。

在耶魯的研究生生涯十分愉快。當時從台灣來的學生們正開始保釣運動，所以對中國事務非常關心。這時在中國同學之中流行的有一本雜誌，就是《明報》月刊。這本雜誌的發行人就是有名的查良鏞（金庸，1924-2018）。我當時偶爾也看看，對中國的情形開始有一些認識，不像這之前，我連中國的主席、書記及總理都分不清楚，更不知道中國共產黨是高於國家的這些常識。當時台灣來的同學比較感興趣的是讀《明報》裡對國共之間的看法；因為《明報》的立場比較左傾，所以往往可以看到一些台灣看不到的消息。我則是比較愛看有關文化的議題。《明報》的主編是胡菊人，他比較像一個文人，所以《明報》常常有一些清新的、談文化議題的文章，我就愛看這些文字

（更勝於像《春秋》、《傳記文學》等雜誌）。這個情形一直持續到我去香港教書的十幾年間。

與《明報》齊名的是《七十年代》。它的主編是李怡。李怡是一位觀察敏銳、具有強烈分析能力的報人，所以雜誌出版（一九七〇年）後，風行一時。我就是在這本雜誌上第一次讀到臺大歷史系的學妹劉黎兒的文章的。我也是因為《九十年代》而知道了新井一二三這名中文流利出色的日本作家。最先把「傷痕文學」介紹給華文世界的也是這本雜誌。我也是在那裡學到「官倒」這個詞。現在這兩本雜誌已經過去了，一則已經停刊（就是由《七十年代》改名的《九十年代》），一則有氣無力。想到當年這樣的內容豐富，而又具批判精神的雜誌，在殖民地的香港出版，真不免令人感嘆殖民地（或租界）在近代中國所扮演的角色。走筆至此，突然想到，當時還有一本夾了大筆台灣資金在香港出版的《中國人》，可惜只出版了一年多，就收攤了。在自由言論充斥的香港，雜誌間競爭非常激烈。但是今天，香港的環境已經改變，大家看的反而是《爭鳴》、《求是》等以小道消息為內容、聳人聽聞為目的的出版品。它們批判有之，分析則闕如。至於像《壹周刊》更是等而下之，已經不是值得提及的雜誌了。

近三十年來，我經常看的還有《經濟學人》（*The Economist*）。這本雜誌在鴉片戰爭之前就已經出版。一百多年來，它堅守古典自由主義的放任經濟觀點，而且立論一貫，言之有物，影響之廣，無遠弗屆。它的文字簡潔，要而不繁，一語中的。我前此經常讀的是《新聞周刊》（*Newsweek*），一九八五年，我去英國，順手買了一本《經濟學人》來讀，就從此愛上了它。它不會像《紐約書評》那麼激進，觀點相當一貫，文字更勝於任何美國出刊的雜誌（例如很多紐約市的人所愛讀的《紐約客》（*New Yorker*），其文字只適合住在那裡的人讀），從此我就不再讀《新聞周刊》了。事實上，今天的《時代》（*Time*）雜誌和《新聞周刊》都已經是不忍卒讀的沒落刊物了。

我一向主張要廣汎閱讀人類的經典著作，但是我們活在今世，自然不免對身邊發生的事情有一定的資訊，並對它們的意義希望有可靠的了解。因此我們就會要從談話或看電視來滿足這樣的需求。我也總是在閒暇時，閱讀各樣的雜誌，好充實並不斷更新自己的視野。自從回來台灣任教之後，我也偶爾讀讀台灣各樣的雜誌。它們對東亞事務的看法有許多與美國不同的地方，而對中國文化的刊載和呈現，數量和素質也與西方有許多差異。我正在努力發現有什麼雜誌能讓我感受到像《經濟學人》或《紐約書評》那樣的震撼。

延陵乙園：從《未央歌》說起

吳訥孫（筆名鹿橋，1919-2002）的《未央歌》早已膾炙人口，恐怕是近四十年來，台灣的大學生都讀過的書。書中充滿了理想主義的色彩。文字細膩，但卻非常清新，把當年西南聯大的學生生活刻畫得像在桃花源或烏托邦一般的令人忘我、陶醉，風靡了很多年輕學子。沒有讀過這本書的人都應該讀讀。在我看來，它比描繪同一個時代的《藍與黑》在文學上的造詣還要高。不過這當然是我私人的感受，沒有要月旦文學作品的意思。最近我在辛亥路臺大北側門出口的星巴克喝咖啡，等朋友。難得浮生半日閒，在書架上看到了較新版的《未央歌》，不覺就把它拿了下來，隨便翻翻，不禁記起了一些在臺大讀書時的往事。幾天後，我正好去商務印書館看老同學方鵬程先生。閒聊中談起了鹿橋，這才知道，《未央歌》的最新版是由商務出版的，當即請他簽名送我一本。

說起來，我和《未央歌》結緣是從一九六七年開始的。那一年，吳先生第一次來台灣，而他的《未央歌》也才出版不久。由於他出自國民政府的官宦人家，因此與台灣的許多人有來往，應酬等等不在話下。據他自述，這是他第一次與許倬雲先生認識。當時許先生擔任臺大歷史系系主任，因此邀請吳先生到系上演講。由於我是歷史系學會負責辦理演講和藝文活動的人，所以這件事就落到我身上。當年要辦公開演講都必須先到訓導處去報備，同時也申請一點經費作為補助。負責管理這一類事情的職員一則沒有聽過吳訥孫，不知道他是什麼人；二則也沒有聽過《未央歌》這本書，竟然問我這不是什麼「秧歌」作品吧。說真的，我也不知從何講起。反正就是批了一筆小小的錢，大概是三十元吧。我也記不得了。

臺大的學生在那個時候，對美國來的講員總是十分的熱情，所以演講的教室坐滿了人。雖然我相信當時的聽眾中讀過這本書的人恐怕沒有幾個，但是大家還是要來看看這位美籍華裔教授的風采。事隔近五十年，他講了些什麼，我早已經忘光，只記得吳先生人長得挺高，剛步入中年，神情雅逸，確有幾分迷人。

那一次演講，他留了三本剛出版的《未央歌》給許先生，因為我負責辦理這次的演講會，所以許先生就給了我一本。我後來讀的就是這一本。它跟著我遠渡重洋，在香港、美國之間漂泊，現在竟然又跟了我回到了台灣。書上還有我自己寫的幾行字，記述我擁有這本書的緣由。幾十年下來，我已經到了「所有一二殘本不成部帙、書冊三數種，……又復愛惜如護頭目，何愚也耶」的階段，居然還帶著這本書，這也是一種癡愚了。

吳訥孫先生早年在耶魯大學攻讀博士，自力買了一塊地，蓋了一棟簡單的房子，命名為「延陵乙園」。我在耶魯讀書時，自然聽說那個地方，只是初時沒有車子，所以沒有辦法去參觀，而這時他也已經離開耶魯，在聖路易的華盛頓大學教書，所以我並不覺得有看這所房子的急迫性。一九七一年，許倬雲先生來新港，這時我已經有了車子，因此就向同學鄧爾麟（Jerry Dennerline）打聽如何去，畫了一張簡圖，就到所謂的且溪去找這棟房子了。且溪是 Cheshire 的音譯，其實那裡說起來，也沒有什麼溪流，只能勉強說有一絲茂林修竹的翠綠吧。

且溪距離耶魯大約二十分鐘車程，但是耶魯的教授們住在這裡的並不多。那時離開吳先生搬離新港已經有五年。房子有點塌了，大概沒什麼整修，頗有人去樓空、空

作者夫婦與許倬雲先生、夫人、及兒子於延陵乙園合影（1971年）。

樑燕泥的感覺，十分荒廢。那天我和內人陳享（也是臺大歷史系，一九六九年畢業）、許先生、許夫人（歷史系一九六七年畢業）和他們三歲大的兒子一起拍了一張相片作為紀念，可惜這張相片不在身邊，只有割愛了。我從香港教書轉回紐約之後，因為住處與且溪不算太遠，偶爾會經過，所以有一次特地轉去看這棟延陵乙園。現在它已經改建成一棟二樓的獨立房子，雖不算豪宅，也還有點樣子，好像是租給學生。這應該是一九七八年火災之後重建的。想來，當年紐約附近華人文士聚集的「文會」的景象應該都與故人的逝去（二〇〇二年）、化作煙雲了（附帶應該加一句，有人說這個文會是大紐約區華人的盛事，有時會有數百人來參加，我想這是誇張的話，就好像把朱（熹）張（栻）嶽麓之會、或朱陸（九淵）鵝湖之會說成有數百人參加一樣的浮誇；我是學歷史的，所以不免對這樣的「記錄」特別敏感）。

從上面的這些回憶中，可以想像吳先生一定是一個文人騷客，左右手開弓的貴族作家，而事實也是如此。可惜自從一九六七年聽他演講之後，我就與他緣慳一面，從來沒有再遇到他。對於他所描繪的聯大景色，也直到去年到昆明，在雲南師範大學演講時，才有所領略。西南聯大的故址就在現在的師範大學。我們來得正是時候，因為他們重整了聯大的遺址，剛在前一年開放。這當然激引了我思古的幽情。然而，物換星移，往事如煙，不僅昆明的許多路名都已經改了，就是今人的記憶也不同了。我們只能空為憑弔而已。

——二〇一三年六月七日深夜

也談肺癆與文學想像

上一期的《校友雙月刊》登載了張天鈞教授的〈英國詩人濟慈與日本藝術家竹久夢二〉，我讀了非常興奮，不免想起我初讀到類似的文章時的經驗。這已經是四十多年前的事了。當時我正在上「十九世紀歐洲思想史」的課，老師提到英國詩人柯勒律治（Samuel Taylor Coleridge, 1772-1834）吸食鴉片的事，連帶說到當時有許多文學家患了肺病，好像如果不患肺病，那就算不得是深刻的作家。

說起來，對這件事有興趣的學者的確也不少。例如任教於北愛爾蘭的阿爾斯特大學（University of Ulster）的凱薩琳・伯恩（Katherine Byrne）在前年就出版了一本書，題為《肺癆病與維多利亞時代的文學想像》（*Tuberculosis and the Victorian Literary Imagination*）。這本書我還沒有看到，但可以想見一定會十分精采。

人類雖然很早就已經注意到有一種病，它的特徵就是咳嗽不止，食欲不振，導致身體日形消瘦、大量咯血，精神無精打采、甚至多愁善感，終於虛脫而死。古希臘人或以色列人都曾經注意到這種病。例如《希伯來聖經》（《舊約聖經》）的〈利未記〉二十六章十六節就這麼說：「我必使驚惶臨到你們，使你們患癆病，害熱病，以致眼睛失明，身體衰竭。」這裡的「癆病」原文（希伯來文）是「shachepheth」，英文翻作「consumption」，意思與中國人所知道的「癆病」非常接近，所以當初翻譯聖經成為中文的人會這樣翻譯。

「癆」這個字早在《說文解字》就已經出現，但是清楚認識到它是一種病，並把上面所說的病況稱為「癆病」，大概是唐代才開始。然而，就是宋代對「癆病」的認識還是不甚了了。《急救仙方》一書有〈總論傳癆〉，注意到它有傳染的特質，但是認為這種病是一種心病，所以提出的治療方法也十分神祕，不能嚴肅看待。研究醫學史的人認為元代以後才出現比較系統的治療方法，可見在近代前夕，中國醫學也開始知道它與肺臟受到破壞有關，有傳染的危險，並主張要用營養來「補虛」。

近代醫學對這個病的清楚定義——原因、病情、以及特性等等——是十九世紀中葉以後的事。而治療它的藥卻要再等數十年，因此這個病在許多人心中就變得特別恐怖，特別是它有傳染的特性，比之黑死病，毫不遜色，更由於肺癆從診斷到病死，往往拖得很久，所以對家人、朋友都造成很大的負擔。病人的身體和力氣日益衰弱，志氣長期消沉，不時產生幻覺，夢魘，恐怖之處實在難以想像。

工業革命以後，它的影響開始加劇，特別是十九世紀之後，空氣污染成了肺癆廣汎流傳的主因。例如過去我們都認為倫敦是所謂的「霧都」，聽起來非常浪漫，令人引發很多的想像。其實，這完全是拜工業所賜，所謂「霧」，不外就是今天所說的霧霾。二十世紀下半以後，因為人類對空氣污染有了深入的認識和警覺，知道要立法限制工廠的排氣，這才漸漸使得倫敦從「霧都」脫身。一九五二年冬天，整個倫敦被籠罩在暗霧中的景象才不復再見。一九八五年英國首相柴契爾（Margaret Thatcher，1925-2013）訪問中國，與趙紫陽（1919-2005）見面，在寒暄時，趙紫陽說倫敦是霧都，柴契爾馬上回說現在的倫敦已經不再是了。兩個人的想像顯然完全不同。這就好像有名的服裝公司「倫敦之霧」（London Fog）如果取名為「倫敦霧霾」（London Smog），那恐怕就沒有人買它的衣服了。

十九世紀的英國人也有吸食鴉片的習慣。更為嚴重的當然是肺癆病。抽鴉片能把人轉帶到另一個境界，被認為是追尋文學靈感的手法，因此開始有人寫作頹廢、迷惘、幻覺、一類的現象，甚至有人認為病態美才是真正值得體驗的文學意境。十八世紀還是在　蒙時代的時候，就已經有人提倡說一個有肺病（癆病）的人是一個更為優雅、高尚（refined）的人，因為他們對周遭的環境比一般人還要敏感。一七四八年，撒母耳・理查生（Samuel Richardson）寫了一本很長的小說，題為《克拉麗莎，一個少女的歷史》（*Clarissa, the History of a Young Lady*），裡頭就說得到癆病的女人會變得更為被動、容易被欺負，往往因此受到男人佔便宜；患癆病的男人則會變得更不可靠、心中不時有創造欺凌人的巧思。

到了浪漫時代，思想和文學開始注意人類的感情作用。他們認為人的天才（或美麗，天分；在法文裡，天才和魅力或精神特質是一個意思，都用「genie」這個字，就是英文的「genius」）絕對超越理性的思考，會達到一般科學所無法企及的境界。這就發展出一種說法：「患肺癆病的天才」：特別以詩人濟慈（John Keats, 1795-1821）為最有名。濟慈家裡有肺癆的遺傳（應該說從母親開始就染上了這個病），最親愛的弟弟也死於它。最後，他也是逃脫不了。雖然濟慈的詩並不是以頹廢、哀傷而感人，但是顯然的，他文字的瑰麗、感情的豐富以及呈現情境的想像力，的確令人讚嘆，很容易感染到他的同情心，而心生澎湃，難以壓抑。下面是一兩個濟慈的名句：「想像力是一座修道院，而我是裡面的僧侶」，「地與海，疲萎與衰落，這些都是分離人的東西；但是死才是永遠的訣別」。他的〈秋天頌〉（Ode to Autumn）是他作品中最常為人吟詠引述的一首。它這樣開始：「薄霧與醇香水果的季節，成熟太陽的依偎密友。你們一起計劃如何送來豐盛的收成與祝福。」而在歌頌秋日的美好之後，它這樣結束：「春之歌如今安在，唉，人在哪裡？……紅胸的知更鳥在園裡啼叫；飛翔的群燕在天際啁啾。」這就是對自然情景的心靈感受。無怪乎同時的另一位偉大詩人，拜倫（Lord Byron, 1788-1824）會說他真是寧願死於肺癆。（案：維基百科說拜倫因為先天瘸腿，非常在意自己的體態，但卻生活不規律，最後志願參與希臘的獨立戰爭，死於戰場。）

浪漫時代對肺癆的想像不外就是因為上面所說的對文學靈感的創作力的來源的遐思。浪漫主義的音樂家蕭邦（Frédéric Chopin, 1810-1849）也是很年輕就罹肺病而死（案：他的死因有各種說法，但這是死亡證明的診斷）。

其他的英法德小說家也常常讓小說或戲劇的人物染上肺癆：奧斯汀（Jane Austen,

濟慈，William Hilton繪。

1775-1817）小說不只是天色經常昏暗，她自己很可能也是死于這個疾病（這是最普遍的猜測）。勃朗特（Charlotte Brontë, 1816-1855）的小說《簡・愛》（*Jane Eyre*）裡的海倫・柏恩斯（Helen Burns, 簡在孤兒院的好朋友）就是得了肺癆病。一般研究《簡・愛》的學者都認為伯恩斯的原型就是作者勃朗特的姐姐。事實上，她們姐妹都患上了這個當時是必死的肺癆。

十九世紀後半著名的詩歌作曲家尼文（Ethelbert Nevin, 1862-1901）也死于肺病，死時年方三十九歲。而與尼文大約同時的俄國作家契訶夫（Anton

Chekhov, 1860-1904）也一樣逃不了相同的厄運，活不過四十四歲。他曾經說過一句流誦後代的名句：「醫學是我的妻子，文學是我的情婦。」這句話相信張天鈞教授一定聽過，并有同感。

肺病的奧祕在當時的確令人感到迷惘。十九世紀是一個樂觀的時代，相信人類會不斷地進步，但是對肺病，醫學界卻一直到十九世紀晚期仍無法正確地診斷它，因此它就如同美的境界或想像力的本質一樣的神祕。認為它或許是人類知識的終極界限。一個人得了癆病，就是受到自然最大的懲罰；他在人類的想像中當然扮演了特別重要的角色。

在中國文學裡，大部分的人都對癆病患者沒有太多的想像，有則嗤之以鼻，雖然明代以來，已經有各樣的記錄，顯示患癆病的人所在多有。到了明代中葉以後，小說中就有「一行說話，一行咳嗽，一時患癆病相似，氣絲絲地」這樣的話（馮夢龍《古今小說》）。但是最著名的「癆病」小說則是《紅樓夢》。《紅樓夢》是家傳戶曉的小說，我不用在這裡詳談，只是小說中，那麼多的人患了真、假癆病，也真是令人意外。像林黛玉被安排住在「癆房」，引起許多學者認為她得的是癆病，但也有許多人說不是。這是《紅樓夢》的典型「甄士隱」，而癆病也似乎帶有一點「文學性」了！

說到這裡，我不能不也提一下三島由紀夫（1925-1970）的《春雪》。書中的主角松枝清顯最後也是死於肺病。電影版把他的死表現的更為戲劇化，讓他在奈良月修寺門外求見她的愛人而不得，竟因此口吐鮮血，臥倒而死，那時春雪紛飛，又美，又令人感傷，所謂哀戚之美，莫此為甚。對西洋文學有深入研究的三島應該知道上一世紀西方人對肺病和文學之間的不解緣吧。

上面說中國人很瞧不起「癆病鬼」。對這樣的人該如何治療？魯迅在〈藥〉（收在《吶喊》）中這麼說：用鮮紅的人肉饅頭。「吃下去吧，——病便好了。」癆病因此和中國的病合一，而傳統治療的方法竟然是人肉饅頭。

——二〇一五年四月十四日深夜於竹北

積極的自由與天子專制

黑格爾的《歷史哲學》（*Lectures on the Philosophy of World History, Vorlesungen über die Philosophie der Weltgeschichte*）這本書影響非常的大，不過我相信讀過他全書的人很少。事實上，就是我也沒有讀完整本書。不過我至少參看過為數不少的文章和專書，當然，也都是選擇性地閱讀。所以我必須承認我不是這本書的專家，更不是黑格爾哲學的專家。以下不過是借用我所瞭解的他的論點，討論一下我對傳統中國政治史的一些想法。

黑格爾一向被認為是德國歷史思想的重要人物，因此二次大戰德國被打敗以後，他就連帶受到嚴厲的批判，認為《歷史哲學》這本書推崇所謂的「日耳曼世界」，是德國保守主義、反現代化思想、以及極權體制的理論基礎，造成兩次大戰的禍害。但是，他對「自由」的嚮往，他對「發生的就是合理的」論點，以及他對「歷史結束」

的「描述」其實都與上述的這些日耳曼思想不相關，因此他應該繼續吸引我們的注意。他對中國歷史的一些發言也值得我們做比較平心靜氣的反省。

本文只集中談「自由」。近兩百年來，討論「自由」的文章汗牛充棟。就是在中國，從清末到現在，它也一直是大家關心的觀念。「自由」這個詞在中國早在漢代（《大戴禮記》）已經出現，但是近代西方的「liberty」（英、美、法比較常用這個字）和「freedom」（德國人比較常用這個字）介紹到中國之後，中國人一般是以可以隨心所欲地做自己喜歡做的事來瞭解它。當然這個並不是太錯，但是不知道為什麼很重視道德修養的人都不深入討論自由與道德及責任之間可能的矛盾，以及應該如何處理兩者之間的關係。嚴復（1854-1921）翻譯《法意》，「自由」出現了二百二十二次，但是正如史華慈（Benjamin Schwartz, 1916-1999）所說，他的關心是在如何使國家富強，因此對於「自由」的真諦沒有深刻的探討。事實上，在晚清十五（1896-1911）年中，中文報刊雜誌題目有「自由」兩字的竟然多達 23,799 篇（根據《晚清期刊全文數據庫（1833-1911）》），但是一般人卻很難想起中國人對「自由」有什麼比較深刻的討論。就是孫中山在論到「自由」時，雖然引述了彌爾，但是也重在彌爾對如何「界限」自由所提出的說法。

那麼黑格爾對自由的說法又是如何呢？很簡單地說，自由就是人類完成了自我。人類生來是不自由的，像奴隸一樣，蒙混不知，完全不知道生活的意義，只能依賴統治我們的祭司或國王來指導。這個時候只有一個人有知識，能作選擇，因此他就統治人們。只有他一個人有自由，即使這樣的自由是有限的，不完全的。人類歷史進化，這就使得越來越多的人有知識，知道追求理性的生活：發展合理的制度，謀求精神的心安理得。於是越來越多的人就自由了。到了人完全變成（實現）了他自己的自由之後，他就和創造他的上帝沒有隔閡了，因為人已經完全瞭解上帝創造他的旨意。這一來他就徹底地自由了。用黑格爾的話來說，這就是：歷史是上帝展現祂自己（的精神）的場域，歷史的終了就是上帝完全地實現了祂自我（「精神」完全展現），顯現給我們知道祂創造人類生命的理想和目的。

因此在黑格爾的眼光裡，一個人能完美地完成他生命的理想，那麼他就完全自由了。中國歷史上，有一個人就說他達到了這樣的境界。孔子說：「吾十有五而志於學，三十而立，四十而不惑，五十而知天命，六十而耳順，七十而從心所欲，不逾矩。」這個最後的境界事實上是非常困難達到的，但是可以說它與黑格爾所說的完全自由是相通的。在孔子的眼光裡，這樣的境界是道德行為無懈可擊；它當然是完美的自由。黑格爾關心的是「理想」（ideal，有時就翻譯為「觀念」），與道德有一點差距，不過如果我們用「真理」來說，那麼兩者追求的東西就一致了。耶穌說：「真理必叫你們得自由」正是這個想法。其實「涅槃」也帶有這樣的涵義，只是立論頗為神祕，而又以完全消去自我（「入滅」）為其境界，是一個絕對悲觀的看法。

柏林在一九六九年出版的《自由四論》的書中說黑格爾的自由觀念是所謂的「積極自由」（positive liberty）。柏林反對這樣的自由觀念，認為它會導致極權以及專制。他的看法與同是維也納出身的猶太裔思想家波普（Karl Popper, 1902-1994）相似，反映了二十世紀國家主義狂飆，法西斯、納粹思想猖獗所帶給開明思想家的恐懼。他們都比較擁護孟德斯鳩（Montesquieu, 1689-1755）所說的相互制衡的政治自由，柏林稱之為「消極自由」。

在我看來，柏林（以及波普）的擔心是很正確的，但是在中西歷史上，追求真理以完成它的內化，好讓真理完全地支配我個人一切的言行和思慮，這樣的想法一直就是大家對真理的基本態度。很少人會把這個態度拿來跟「自由」混在一起談。一般人認為自由乃是一種放任、不受約束、帶負面意義的生活哲學。自由對於追求真理（要靜坐、苦行、冥想、或至少一天念誦阿彌陀佛兩萬五千次）根本無助，甚且有害。中國人對「自由」也一向是放在負面的光譜上，頂多只是把魏晉南北朝時代的道家哲學看作是「自由」的表現，欣賞竹林七賢的瀟灑而已；自由不過是嚴肅生活當中的稍息而已。

把追求真理、實現道德的自我看做是完成一個人的「自由」，這個是啟蒙運動時代（十八世紀）才開始的（盧梭、康德〔Immanuel Kant, 1724-1804〕、費希特等哲學家），而到了黑格爾可以說是集大成。這就是說，在過去，人們要不就是想透過苦行來追求成佛、成聖、或得救，要不就反對「自由」的人生。但是到了黑格爾，

柏林是西方思想史大師。他批評黑格爾的自由觀念會導致專制集權。

人們才知道，原來追求「自由」就與「苦行、冥想」的人生是一樣的。這就是說：真理必須是能讓人們獨立地成就他的人格的實現。這話很難瞭解，因為這裡講的是一個辯證性的過程，因為真理並不容易發現！若人們隨便拿一個「真理」當作是絕對的正確，那麼他很可能因此受到它的欺騙，蒙蔽，和控制。柏林反對「積極自由」的根本原因就在於因為「真理」並不容易確定，於是隨便相信「真理」，自以為得了自由，便反而會失去邁向真正自由的動力。所以說積極自由往往導致不自由。

在專制政府或帝制下面，統治者的意志就是真理。他們會立法脅迫國民服從他的意志和想法。在傳統中國，人們相信皇帝是「天」的兒子，是「不言」的「上帝」在地上的代表，其能力與上帝是相同的。這樣的天子在某個程度上，簡直與二十世紀前的天主教「教皇」（或翻譯為「教宗」）沒有不同。皇帝具有神格，是一切智慧和道德的源頭和依據。不是中國人不知道這樣的制度不對，但是因為相信應該也必須有一個最絕對的真理，因此持續相信這樣一位像上帝一樣的皇帝。這位皇帝是一切道德行為的準繩，也是所有知識與智慧的根本。

事實上，中國傳統關心的主要是德治，而聖賢書的內容也幾乎完全是在於建構一個維穩的社會。問題是知識人除了提醒天子的道德行為和執政公心之外，根本沒有任何制度上的保障，皇帝的自由無限。因此黑格爾認為中國還在歷史發展的早期。另外，從理智和科學發展的角度來看，中國人的「自由」就也一樣沒有真的發展。當然，黑格爾以後，幾乎所有的西方漢學家都指出中國歷史其實有不斷的改變，否定中國文化過份穩定，沒有進步的說法。

黑格爾的重要性不在於他對中國歷史的解釋。在我看來重要的乃在於他對「自由」的論點可以幫助我們思考這麼一個大問題：歷史或人生的目的何在。它對教育史的研究太重要了。如果統治者的自由大過百姓庶民的自由，甚至於是絕對的，這樣的自由很容易縱容專制的滋長。東方國家總還是在約束政府首長上面比西方薄弱。一般人對於比較聰明或比較有魅力（charisma）的人還是給予他們一種神聖的「導師」的地位，加以崇拜。

在真理難明的現實社會，最重要的就是不要隨便賦予任何人積極的自由，利用立法和選舉來限制他。這是從黑格爾以來的兩百年間，開明的讀書人所獲得的、最重要的覺醒。

狄更斯的中文及台語《聖誕頌歌》

如果由我來寫狄更斯的小說，那麼恐怕有一半臺大的校友可以寫的比我更好。但是這幾天正好遇上了一個有趣的經驗，使我決定在聖誕節就要到了的時候，寫一篇有關他的《聖誕頌歌》（*A Christmas Carol*）的文章，同時迎接明年他兩百一十周年的誕辰（二〇二二年二月七日）。

狄更斯的小說、散文和戲劇非常的多，是一個文學大家，這個不用我多說。一般華人最知道的當然是他的《雙城記》，但是在台灣，可能知道他的《聖誕頌歌》的人更多，因為它經常被人搬上教會的舞臺，是聖誕節最常見的慶祝活動。它幾乎定義了所謂「聖誕」的意義和慶祝的精神，雖然大部分的人都以為聖誕節是一個歡樂的節期，是休息、放鬆、乃至於狂歡的日子。狄更斯卻通過這麼一個小說來告訴我們聖誕節是一個寬大為懷，濟助窮人、家人團聚的時候，人們要紀念生活的安定和富足，并且滿懷感激，相互恭喜聖誕所帶來的幸福、希望和快樂。

故事的本事簡單說就是有一個非常吝嗇的財主，名叫司孤寂（Scrooge）醒悟聖誕節日意義的故事。故事從聖誕夜的下午開始。天已昏暗，但是他還逼著他的夥計工作，毫無聖誕的歡樂之情，甚至還在夥計苦苦哀求之後，才勉強放他聖誕日一天的假，更叮囑他過完節就必須提早回去上班。那天晚上，吝嗇的司孤寂回到家，竟然在寒冷、家徒四壁的房間裏看到了他已經去世七年的夥伴，這位夥伴身上綁滿鐵鏈，一副疲乏不堪的樣子，警告他說在那天晚上他會遇到三個鬼。他們要帶給他重要的信息。

果然那天晚上司孤寂遇到了三個鬼，各是司孤寂的前身，現在和未來的鬼靈。第一個鬼帶他去看他過去如何輕視聖誕節，吝嗇小氣，以至於不能與他們分享聖誕的喜樂。司孤寂看到了自己貪婪孤獨的作為，驚嚇不已。

第二個鬼代表的是當前的司孤寂。這鬼帶了司孤寂去看他夥計在家裏團圓聚餐。雖然他們貧窮，桌上的食物也很簡單，但是他們卻顯得十分的高興，享受著聖誕的幸福和快樂的氣氛。司孤寂不能不警覺到他們的快樂乃是對他最大的諷刺。當司孤寂和鬼靈遇到兩個生來無知又貪婪的小孩子時，司孤寂忽然發起同情的感慨，那鬼就模仿司孤寂自己的聲調和口氣來嘲笑他說：「難道沒有監獄嗎？難道沒有救濟院嗎？」一向缺乏憐憫心的司孤寂深自慚愧到無地自容。

第三個是未來之鬼，他帶著司孤寂去看在聖誕日孤零零去世的司孤寂自己。他的墓沒有人打理，更還有人為他的死感到高興。

結局是司孤寂悔悟以往的生活方式，立志要徹底改變自己：從此以後，他要熱心助人，實踐聖誕感恩與助人的真諦。

這個小說所描繪的聖誕精神影響了全世界，代表維多利亞女皇時代的基督教生活的態度（雖然現在新的、由彼得．蓋伊提出的解釋已經對當時的生活理想和實際做出嚴肅的挑戰）：平實而和諧的生活哲學；聖誕節乃是一個必須心境愉快，迎接家人的團圓，不忘窮困人的需要，是樂善好施的日子。

《聖誕頌歌》因為把鬼寫進了小說裏，所以從非常嚴肅的基督教立場來看，它似乎不是很正確的宗教小說，所以有的基督徒并不是很認同它（就像現在還是有基督教徒反對《哈利波特》〔*Harry Potter*〕小說一樣）。不過這本書和它的影響不能否認是非常的巨大，把基督教的關心從個人的拯救帶到一個社會公義的層面，並對十九世紀英國

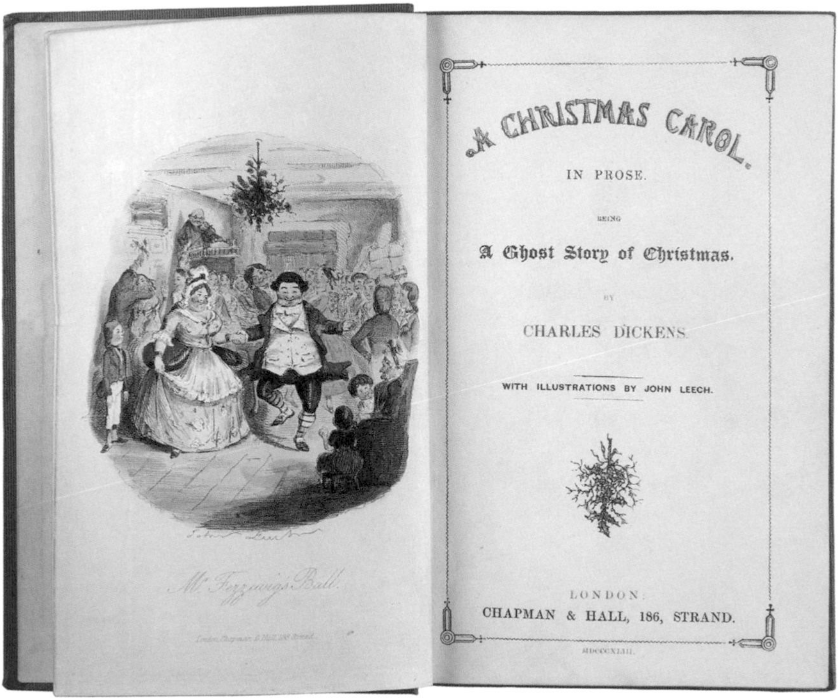

狄更斯的《聖誕頌歌》，1843年初版。

多數自由主義人士所主張的社會改革做出批判性的認同，認為社會改革還必須符合基督教的公義。

大部分十九世紀英國的自由主義信徒對於傳統基督教的信仰的確採取著一種相當開放的態度，否定《聖經》和基督教傳統裏面許多不合科學的記載。雖然基本上他們接受基督教的道德教訓，但是不受傳統教義的束縛。狄更斯大致上也是如此，但是他死後七十年左右，一本他自己寫的「基督傳」（*The Life of Our Lord*）出現了。這本書是他寫給自己的家人的，並不擬出版。不過到了他最後的兒子都已經過世了之後的一九三三年，孫輩兒女們多數人同意決定將它出版，於是這本書開始流行於世。「基督傳」證實了狄更斯個人的基督教信仰，但是在世的時候，他卻不公開自己這個基督教的信仰。他大部分的時候表現出自由主義份子對社會不平等及貧窮痛苦的關心，但是他還是主張社會制度的改進或改良並不夠，更需要懷抱同情心，這樣才是個人生活的理想高度。他對於達爾文（Charles Darwin, 1809-1882）的演化學說並沒有反對之意，甚至還曾在文字間表示認同。對於當時的人來說，他不排斥達爾文的演化論是完全可以瞭解的。

大部分研究狄更斯的學者不太愛提這本書，理由很簡單。而書中偶有污衊猶太人的字句也當然是現代文學潮流所不能接受的態度。

很有趣的，這本書在出版的時候卻在中國至少有三個雜誌刊登了出版的消息。我個人的猜想是因為自從林紓介紹了狄更斯以後（一九〇七至一九〇八兩年中計翻出五部，不過不包括《聖誕頌歌》），中國人很喜歡他帶有同情心的人道主義小說，所以會促成那麼快速的翻譯。事實上，在七十年前的一九四二年，成都新蜀圖書文具公司出版的《金沙文藝》雜誌竟然出版了紀念狄更斯一百三十年誕辰的特刊。足見他在中國受歡迎的程度。

《聖誕頌歌》在一九一三年後被翻譯成中文，十年間居然有三個不同的翻譯（不是每一篇都是完整的翻譯）：《錢虜懺悔錄》（天夢譯，刊《墨海》，一九一三年十二月第一期）、《慳人夢》（〔張〕競生譯，《小說時報》，一九一四年一月第二十一期），以及〈客來及特之耶蘇聖誕節〉（蘇梅譯，刊《文藝會刊》，一九一九年第三期）。可見當時人對這本書的熱情還更甚於後來的《雙城記》（一九二八年才有全譯本）。

以上談的是《聖誕頌歌》在中文世界流傳的大略。很有趣的是它的日文翻譯好像是晚到一九二六年才出現。至於殖民地的台灣，因為日本政府控制外文書籍流通，所以大部分台灣的讀書人只能依賴日文的翻譯。這些日文譯本自然流傳不廣，有能力閱讀的人非常有限。中文的出版品一樣受到管制，但是因為是同屬於「漢字文化圈」的關係，能讀懂中文的人較多，只是畢竟還是有限，所以當時英國來臺的傳教士替一般人設計的羅馬拼音「白話字」就成了一個攝取知識的方便途徑。有的知識人雖然在日本讀書，卻寧可用白話字發表他們的意見，介紹時事，翻譯西洋名著。在日本同志社大學讀書，並成為該校橄欖球隊隊長，帶領球隊贏了日本全國冠軍的陳清忠（1895-1960）就是一個例子。他回台灣以後，捨棄日文，積極用台語白話字寫作，並且成了台灣第一個翻譯《聖誕頌歌》（翻譯為《聖誕歌》〔*Sèng-tàn kua*〕）為白話字的人。時在一九二五年，甚至於早過日文的翻譯。

關於陳清忠的事跡，中文維基百科有簡短的記載。可惜的是這篇傳記沒有一句話提到他在寫作和翻譯上面所做的貢獻。事實上，他曾經翻譯了好幾位英國及法國詩人的作品，例如喬叟（Geoffrey Chaucer, 1343-1400）、阿諾德（Matthew Arnold, 1822-1888）、布朗寧（Robert Browning, 1812-1889）、莫泊桑（Guy de Maupassant, 1850-1893）

等。後來他也曾經翻譯《威尼斯商人》（可惜手稿已經散失）。這些努力非常令人佩服。由於他的寫作充滿基督教的信仰，我們可以稱他為台灣的路易斯（魯益師）（C. S. Lewis, 1898-1960）。

想起小時候母親用台語講《威尼斯商人》給我聽，初二時在臺南長榮中學看全本《聖誕頌歌》的演出，當時也是全部台語對白，印象都很深刻。如今已是老耄之年，仍然記得許多現在年輕人已經不懂的語詞或發音，不免有許多感慨。同時，眼看著對岸的文學界，現在又再一次不能完全自由閱讀中西文學名著，當然更是感繫良多。

——二〇二一年於美東華萍澤

輯四：學習

從「學以為己」到「事事關心」

公元二〇〇〇年，我用英文出版了中國傳統教育史的書，題為「Education in Traditional China, a History」，大約有七百多頁。這本英文書是大膽之作，所幸各方書評倒還都很正面，到現在已經被引用超過一百多次（根據 Google Scholar），以英文不是母語的人所寫的書來說，我也應該感到滿足了（案：到二〇二一年底已經超過三百五十次）。

兩年前我把這本書翻譯為中文，加以修訂，並把書名定為《學以為己：傳統中國的教育》，明確地用四個字來標示傳統中國教育的最大特色。我在書中加了一篇「傳統中國教育的特色與反省」。這篇文章是我在二〇一一年的「北京論壇」會議發表的論文，後來登在《北京大學教育評論》上。說特色，不若說是課題或關心。無論如何，我提出了七點：養士教育與科舉，為己之學與書院的理想與實踐，以儒家經典為中心，在庶民教育中灌輸儒家正統（三綱五常等）的價值，個別施教與不分年齡班次，重視文字考試及忽略口頭論辯，以及儒家權威人格。

我覺得中國教育傳統固然是以所謂的「養士」為目標，但是若以它的信念言之，那當然是以道德的培養作為根本，認為君子是健全社會的中堅，而唯有受到健全道德教育的君子才能領導社會。君子教育的內容不外是學習儒家的經典，所以越到後代，儒家典籍的影響越大，特別是推行科舉考試以後，「讀書人」最大的責任就是訓練自己成為老百姓（庶人）的道德表帥。政治及社會的領導者基本上都是熟讀儒家經典的君子，這樣天下就得以安定，一切都上軌道了。這個教育當然反映了孔子的「學以為己」，以它作為最合適的標誌和理想。

「學以為己」出於《論語》，之後經過荀子、揚雄（53 BC-18 AD）等人的提倡，成了一個重要的讀書理想；到了宋代的朱熹，更被標榜為讀書人的根本態度。從此，很多人引述這句話。因此「學以為己」的確可以說是歷代中國人讀書的基本動力和追求的最終理想。這並不是說接受教育沒有別的動機，但是基本上，大部分的讀書人，都相信教育不外是道德的培養和熏陶——使自己能取得道德的完美是一個人讀書的目的，也是日後扮演領導社會（國家）角色的根基。

從宋代以降，科舉考試逐漸變成讀書人讀書的目的，但是儒家經典的道德向度却也同時繼續高漲。明朝中葉，道問學的思想已經被尊德性的思想解構，使前者澈底轉化成道德行為的憑借，是人心之理（心即理）「塑造」萬事萬物，使它們各自完成其「德」的方法。所以說明末東林思想家開始反省陽明心學（特別是它的左派）的平等（齊頭）主義以及空洞的自信時，仍然持續了「人皆可以為堯舜」的論述，並繼續用「大丈夫」豪傑氣度和道德上的自我期許深化對萬事萬物的關心。

顧憲成（1550-1612）的名言因此必須放在這個脈絡裡來瞭解：

> 風聲、雨聲、讀書聲，聲聲入耳；
> 家事、國事、天下事，事事關心。

「事事關心」這四個字原來是指心為外界的美麗事物所感動，常用於詩詞，但是顧憲成拿它來指對天下國家事務的關心。從「道問學」的原本意義來看，它的道德義就不再只是專指個人的品德，而更廣汎地引申為天下一切的事務。東林運動與明末一些思想家的對「牧童樵夫」宣道的行為是一體的兩面，充分發揚所謂「道不遠人」（就是王艮〔1483-1541〕說的「百姓日用」）的說法。

事實上，朱元璋曾經在太學立臥碑，禁止太學生干政。這個臥碑還在全國的地方學校普遍樹立，等於是要百姓（包括讀書人）不許「事事關心」，這是何等的矛盾，又是何等的諷刺！但是明末是一個非常的時代，它的矛盾或許可以說是表現在徽州與無錫的兩種價值取向上面（就好像社會學家喜歡說的波士頓與費城的對比一樣），表現當時走向資本經濟萌芽、思想追求解放的現象。再加上西方宗教開始傳入中國，的確有一番的熱鬧。

近代中國教育突破政府的禁令，開始有機會摸索、探新、並與新思想開始試驗新格義的是十七、十八世紀，允為中國近代教育史的開始，這一點我想應當是可以接受的。從此，中國的教育就從「學以為己」轉入「事事關心」了。

在中國，史學界一般認為鴉片戰爭才是近代的開始。這個說法固然不錯，但是它的思想基礎仍不外是「尊德性」改造了「道問學」的意涵而開始的「事事關心」。

鴉片戰爭以後，中國一切的事務都受到了挑戰。在教育的範疇裡，雖然科舉仍以熟讀經典為必經之路，但是新的思想、新的知識和新的技術都與傳統中國一共才五十多萬字的經典競爭（現在最具豐富內容的《牛津英文字典》就收羅六十二萬個字。《康熙字典》收了四萬七千多字。日本諸橋徹次編撰的《大漢和辭典》收了大約五萬個單字，約五十三萬個詞（包括成語及常用句）。當代的《漢語大詞典》收有兩萬兩千多單字，三十七萬五千個詞），顯然地，舊的知識再無法以科舉來維護它的權威。教育的內容迅速擴大，而舊的教育制度也不能不因社會的改變脫胎換骨。

舊的「讀書人」也漸漸被新的「知識分子」所取代，雖然「知識分子」的用法不是很好，掩蓋了它獨立及個人主義的意涵，但是新的受教育的人不再只是「讀聖賢書……」的酸腐秀才，而是必須同時對道德及知識都有涉獵的現代世界公民。教育的內容或課程改變了，新的學校也因為西方勢力在中國的興起而迅速取代舊的書院或社學。從鴉片戰爭到二十世紀結束的一百六十年間，中國「學生」的定義逐漸改變，最後傳統的書院和科舉都在二十世紀的第一個十年間，從地表消失。

近代中國的教育思想和實踐在蔡元培、胡適、梁漱溟（1893-1988）、蔣夢麟（1886-

顧憲成名聯懸掛在東林書院正堂。圖片來源：wiki by Zhangzhugang

重建之東林書院。圖片來源：wiki by Zhangzhugang

1964）、陶行知、晏陽初等人的影響下，不管是開放、保守、新組織、或新制度，大概都不外想要改造及重估原來的參數（parameter）——原來已經有的，必須保持其優點，並求其更好，或徹底加以改造；原來沒有的，就研求設立新制，引進其他文明的經驗。整個中國的教育在二十世紀經歷的是翻天覆地的變動，從文字的改革及新蒙書的內容我們就可以窺見一二。另外，如掃盲運動、農村改造等民間自發的志願工作，我們也可以看到現代知識人對「事事關心」這個信念在行動上面的想像。

在這種變化當中，最重要的不外是對傳統中國政府控制學生及思想的反動。從五四（一九一九年）到當前香港的佔中，學運活動充分體現了近代流行的民主思想對中國的影響。雖然不管是民國或共和國，政府都是反對學生運動的，共和國甚至於想要駕馭學生的熱情來遂行政治鬥爭（這是一般對文化大革命的解釋），但是水能載舟、亦能覆舟，近代學生運動終究會使中國的政治家們對所謂的民主制度及觀念有更新的、更宏觀的認識和體會。無論如何，從前不許學生關心的朝廷大政已經不再是現代政治家的禁臠，這就是從帶知識性意味的「道問學」轉化為道德上的事事關心，到近代中國的被動徹底參與的過程。

最後，從政府的角度來看，從前用儒家道德正統的教誨，透過講會、祭祀、演劇及民間宗教活動的方式來達成的庶民教育，在新的中國則由現代世界平等觀念來改變它的形式。新的教育體制與從前書院或官學的不同就在於它已經脫去限定於少數優秀分子的外殼，而穿上了所謂「女子負起半邊天」、「階級鬥爭」等口號的新大衣，推動了所有人都必須在民主專制的大旗下受共產思想的教育。在傳統中國，政府的控制大概僅到達縣的層面，但是在共和國的社會裡，政府的力量已經徹底在鄉村的社會裡出入、翻滾。這就是新的中國社會教育。不過，這當然也因此開創了機會，讓許多從前不可能讀書的窮弟子能因此遠離家鄉，到城市去上大學，參加中國從改革開放以後的「有中國特色的近代化」活動。

從明末到今天，「事事關心」因此是一種理想、一項憧憬，而同時也是一個不可逃避的現實。因此，它無疑的是近代中國教育的最佳寫照。

——二〇一四年六月十五日，
進臺大讀書第五十周年，開始教書第四十周年

饗宴，研討課、沙龍與會講

大凡上了研究所的學生，大多會遇上「seminar」這個字，一般的瞭解就是說這是一門研討課；老師帶學生們對一個主題作問答式的討論。上課時老師不以演講為中心，而由交換意見，反復批判，從各樣不同的角度辯證地瞭解它。

在「seminar」裡，交談或對話變成了上課的中心方式。從西方的教育歷史上來看，這樣的教學普遍認為是從蘇格拉底開始。柏拉圖的好幾篇《對話錄》都讓我們認為蘇格拉底發明了這樣的教學方法。這當中以〈饗宴篇〉（Symposium）最為有名，可以看作是它的典型。在一個名叫亞噶頌（Agathon）的人的家裡。蘇格拉底的學生們相繼發表他們對「愛」（希臘字作「eros」）的看法，稱頌它的高貴，美好，乃至於在教育上的重要性。有趣的是他們的發言主要是圍繞在男性之間的愛，我們可以稱之為「pederasty」，而不單純是「homosexuality」。大家相繼發言之後，蘇格拉底也發言，結

Anselm Feuerbach所畫柏拉圖的〈饗宴篇〉。

束這場思想的饗宴。

重要的是蘇格拉底最後的發言是以兩場問答的方式來進行的。第一場是他自己對亞噶頌的問答，從層層否定亞噶頌的意見中引出蘇格拉底自己所要宣示的理念（愛是對所嚮往的善的瞭解或警覺）。第二場是蘇格拉底借一位高尚的仕女繼續進行對話，從而演繹出愛的真諦就是對善與智慧的憧憬，同時點出愛能產生幸福或興奮的快樂。

問答或對話因此成了西方人對所謂的「symposium」的想像，而且成為一個重要的教育方式。自然，既然稱為「饗宴」，飲食或至少酒就變成不可或缺的一部分。所以「symposium」一般應該是有飲食或點心招待的。在今天，當然飲食招待已經不是研討會的必要元素。稱為「symposium」的往往是比較小型的學術會議，由專長相似的學者專家們參加，輪流主講。

請一位學者來學校演講，我們今天一般稱為講座。它一般不會有點心招待，就是講完了之後，教授們去聚餐，其他的聽眾或學生也不會被邀請去參加。所以與「symposium」不相同。這種教學形式的英文字應該是「colloquium」。「colloquium」這個字源自拉丁文，原意很簡單，就是談話，因此要到了十六世紀以後才逐漸在高等教育圈流行起來，通常指邀請不同的專家來演講。今天它已經是很常用的字，不限於講座，而廣汎地指所有的研討課。事實上，我們可以說它是一個通俗用的研究院的課程，與「seminar」幾乎是通用，比「symposium」還不拘形式，甚至於不強調反覆討論的必要，更完全沒有提供飲料或點心的考慮。

中古歐洲的高等教育沿襲基督教興起前後的教育哲學，接受羅馬人從古希臘學來的所謂三科（trivium：文法，邏輯或辯證，修辭）及四科（quadrivium：算術、幾何、天文、音樂）的教育，並進而學習修辭學，以及神學作品。教學方法因此也沿襲古人的問答方式。例如中古劍橋大學的教學便是由教師講解課本內容，而學生於聽完了一定數目的演講課之後，可以申請考試，由他們從所學的書本中提出一些問題，然後與比他們高班的同學們口頭辯論（disputations）。辯論成功，就得以取得升級。口頭辯論因此是中古歐洲教育很重要的學習方法，辯論的技巧及方式很多，所以就有各樣的名詞來定義它們－例如「sophemes」（邏輯的誤用），「inceptions」（資格考試），「determinations」（對亞里斯多德自然學的口試），「priorums」（根據亞里斯多德《前分析篇》〔*Prior Analytics*〕的口試），「posteriorums」（依據《後分析篇》〔*Posterior Analytics*〕的口試）等等。這些技巧令人想起中國人重視文字的考試，因此對於文章的寫作方法也產生很多不同的名稱，到了明代大舉使用八股文考試，這種情形達到了高峰。中西文明之異同多少可以在這裡看出來。中古歐洲的大學沒有正式使用「colloquium」這個字，不過重視口頭的辯論或交流當然是它教育方法的重心之一。

西方口頭辯論的傳統到了十八世紀時，又展現在出名的沙龍文化。沙龍是啟蒙時代貴族所喜愛的知識活動。「沙龍」與現在學者常常提到的「會話」（conversation）息息相關。說起來，「會話」和魏晉清談有幾分相似。兩者和文學的發展有密切的關係。魏晉清談是中國文學和文學批評發展的重要催化劑。沙龍一樣重視文學欣賞，強調文學所能締造的禮貌、誠真及優雅的格調和品質。不過，不同於中國傳統的就是西方的沙龍談話題目往往不限於文學，也常常討論科學問題或新知。

沙龍往往由女士主持，而婦女也大量參與這樣的活動。十八世紀的許多名作家或科學家都有非常聰明的伴侶或夫人。例如化學家拉瓦節（Antoine Lavoisier，1743-1794），他的夫人鮑爾釋（Marie-Anne Pierrette Paulze, 1758-1836）不僅替他翻譯英文的科學書，讓他參考，也幫忙把他的實驗器材畫成非常有用的插圖，更參與修訂他所寫的化學教科書。伏爾泰的情婦莎特萊（Émilie du Châtele, 1706-1749）則翻譯牛頓的巨著《數學原理》成法文。這些女士們把沙龍文化提高到極為精緻、高尚的活動。事實上，我們可以說沙龍在相當程度上取代了當時日漸沉淪的大學，成為知識再造與交流的中心；它同時並成了無法讀大學的婦女們吸收知識的場所。

顯然的，沙龍是十八世紀所謂「會話」活動的溫床。中古及文藝復興以來的人文教育到了十八世紀開始沒落，因此沙龍的形式打開了新局，也開始了平等參與的局面。十九世紀初，洪保德提倡而開始了現代大學，知識的傳遞變成了正式認可的觀念。雖然宗教或人文教育的通識性質還繼續，不過早期的、非常拘謹而形式化的口頭辯論也漸漸被現代大學的論文、報告或寫作所取代。沙龍應該在這個轉化的過程中扮演了一定的角色。

順便講一下中國傳統。從孔子以來，憑借口舌之便一直受到排斥，而孔子與學生的對話也成了早期教育的重要特色。漢代經師的教育也大多採用少數人的問答。但是在魏晉南北朝時代，由於佛教傳入，對大眾講經變成非常重要的社會教育手段。慧皎（497-554）《高僧傳》就有許多善於演講的僧人的記載。他認為一個好的倡導師必須能有四種技巧：聲、辯、才、博，因為「非聲則無以警眾，非辯則無以適時，非才則言無可採，非博則語無依據」。我們今天依然可以讀到大師演講時，儀式隆重和言說精采的記載。

後代思想家演講出名的有如陸九淵（1139-1193）。但是朱熹則重視問答。不管是演講或對談，聚眾會講是他們都喜歡的教學方法。朱張、朱陸或鵝湖的會講都是膾炙人口的教學活動。除了吟詩作對，欣賞山水之外，他們會談的時候，應該是混合演講和辯論而進行的。這樣的傳統到了明代漸漸演化成書院的會講，不僅日期有一定，活動期限（大約三、四天），點名，乃至於進退作息也都有詳細規定。王陽明還主張休息時可以吟誦歌詩。東林會講特別有名，顯然，對話、會話及公開演講都一起出現。不過我懷疑東林學者演講真的能吸引上千人來聽，不是他們不善於演講，而是這樣的活動在前近代的社會是相當罕見的，當時與他們關係比較好的傳教士也都沒有記載。

中國的科舉對於演講乃至於常用的會話或答問方式卻產生了不良的影響。在重視公平、公正的考試中，完全沒有口試，它的影響可想而知。這是中西教育傳統上非常值得重視的差異。

——二〇一四年十月十二日於竹北

工具、鉛筆與橡皮擦

一九七九年，我有一次在史丹佛大學休假，不意觸及到幾何平均與算術平均的問題，雖然大概知道是怎麼一回事，但不能確定自己的瞭解無誤，所以就去問我的一位數學家朋友，蕭蔭堂教授，他簡單地確認我的瞭解還算正確，但是告訴我說如果想進一步知道有關數學統計的問題，可以看某本波蘭人寫的書。他隨著就把那本書丟給了我。

我讀了大半天，經過一個多禮拜，連第二頁都無法翻過去。整本書密密麻麻都是公式，只好擲筆三嘆，承認隔行如隔山，回去跟他講實在沒有辦法看得懂。他聽了大笑，告訴我說如果先看過另外一本書，那就看得懂了。於是我就跑去史丹佛的圖書館借那本書來看。果不其然，這本書仍然是天書，我只能仰天長嘆，覺得自己天分何以這麼有限。過了幾天，我又去找他說，實在看不懂。他又笑笑說，如果您看了一本統

蕭蔭堂院士夫婦第一次來臺參加院士會議與作者母親，夫人（陳享），妹夫（蘇希宗）夫婦合影（2004年）。

計學概論，而在那之前學過微積分，那麼就看得懂了。我說這豈不是要花個兩三年功夫，我才能真正知道「數學平均」的奧祕。他說看得懂那本波蘭人寫的數學統計的書，就有博士班學生的程度了，所以是要一些時間，但也不至於要那麼多的功夫。大約一年多就夠了。

這件事已經過了三十多年，我也一直不曾有計畫或系統地讀有關數學統計的東西。但是按照他的說法，要看得懂數學的書，只需用一枝筆，一塊橡皮擦和一些紙，花一些時間，就夠了，沒什麼大不了的事。我覺得他的意思是更不需要什麼儀器或工具。對他來說，這才是數學家的真正境界，就好像哲學家或藝術家一樣。有些數學家用計算機來推算圓周率的數值，雖然可以推到小數點後的幾百萬位數，但在他看來，這不過是拿計算機這個工具反覆的「機械」工作，完全沒能達到創意的境界，不算是真正值得學的數學。

說起鉛筆，說起儀器，這些都是工具。對什麼是「工具」，我是一而再地反覆思考。顯然，在我這位數學朋友的眼光裡，越不用工具，創造性才越是彰顯；用了很多工具的，往往都只是替人家作注解。像愛因斯坦的理論，物理學家必須用複雜的天文工具來證實，但他可是在郵局做事時，用包裝紙寫出來的。如果用孔恩的話來說，愛因斯坦是創造典範的人，其他人做的不過只是繼續發展這個典範，是做「正常科學」（normal science）的事。後者便常常借用許多不同的工具，而不像前者卻只靠一支簡單的筆。借用大量工具來做學問的人，工具一旦被控制、被剝奪，他就如同喪失了自己，變成了「我不在，故我不思」了。不思考，當然失去創造力。

人被迫和他的工具疏離，這是資本家控制「無產階級」的方法。因為階級的剝削，遂種下共產革命的種子。人很怕失去工具，不願隨便讓人家控制工具。而資本家要控制人，他就必須先壟斷他的工具。

數學家瞧不起工具性的研究，這是很值得重視的現象，這個現象或許不能從馬克思的角度來論述，但是現代科學仰賴工具的情況日益嚴重，像原子加速器，或是奈米的實驗室，這些都只能仰賴資本家或國家（或學閥）的力量才能建造，缺乏這樣的「工具」，許多實驗無法進行，對學術和社會的影響非常巨大。

許多的學科一定必須通過儀器或機器的使用來進行，因此誰控制了「工具」，誰就控制了該學科的內容和發展，這是不爭的事實。我常常在想，仰賴儀器或工具的學科真是與藝術、哲學或數學這些充滿創意的學術有天壤之別：只要一個人循序自修，讀教材，他不只可以完全「瞭解」哲學或藝術作品，而且甚至於可以達到數學研究生的程度。但是他如果想要瞭解高溫物理，或是一般的工程知識，那麼就必須有使用各種設施及儀器的機會，沒有這樣的機會，就無法真正瞭解教科書的內容。這就使得這些學科充滿了工具性。這兩樣看來不同的學術，其差別竟然是在於工具的取得與否，令人以為沒有本質上的差異。

科技知識與人文知識的差別大概在十七世紀以後被突顯出來。因為笛卡兒的影響，我們往往以為科技的知識一般人讀不懂，而人文藝術的知識則是一般人可以讀得懂的。其實懂或不懂主要在於工具的掌握，而不是學問的本質。笛卡兒如此，牛頓如此，巴斯葛（Blaise Pascal）如此，萊布尼茲（Gottfried Wilhelm Leibniz）也是如此。資本家、大學或國家控制求知的工具，美其名為高等的知識，是一般人所讀不懂的，甚至於說不經過他們指定的老師或專家來教便學不會。許多知識就這麼被壟斷了。具有創意的學科，反而常常被認為不是專業知識，人人都可以自由發揮，而只要花點時間都讀得懂。

當然，知識的累積不能不循序漸進，仰賴工具的使用與發展。但另一方面，正如我的朋友所說的，真正有創意的學問只要紙和筆就可以了，而且只要你肯花時間，便可以讀得懂。我作中國教育史，隨手拈來便可以提到像「解額」、「南北榜」、「省試」或「急就」、「四門學」這些名辭。它們看似高深莫測，但是只要花一些時間閱讀，也就看得懂。然而，歷史的知識畢竟還是必須通過掌握基本資料才能得到初步的認識，因此也需要花時間。另一方面，只要借用工具書，卻又很容易看得懂它們。工具的掌握的確很重要，但工具本身當然不算「學問」。

由此看來，定義學術的本質不應該以工具的使用為標準。一門好的學問應該是如何能在不受工具的限制之下，仍然發展合乎理性的思維，好讓那些具有追求的心靈（inquisitive mind）的讀書人容易瞭解，並且讀起來有趣，一輩子都受益，不斷地想再讀它，而且會因年齒長大而了解益為深刻，這才是最具有創意的學術。也許可以這麼說，天下的學問都是相同的，但必須對現有的成果尊重，並努力探索如何可以突破。

只依賴壟斷工具，不加思考地認為使用越複雜的工具的學問，才是真正高深的學術，這是資本家或政治機器控制人的創意和獨立思考的托詞。探索偉大的自然和其中的奧祕，人一定要仰賴工具，並不斷改善它的使用，但是人的最大的挑戰就是在於避免工具的被控制或壟斷。

二十世紀最偉大的社會學思想家韋伯在反省這些課題時，認為科技的知識仰賴的不外是「工具性的理性」。雖然他說的和我這裡講的並不完全相同，但他的用語卻很有趣，非常生動地替科技知識作了貼切的描繪。

——二〇〇七年十一月十五日初稿；二〇一〇年十月五日修訂；二〇一二年十二月四日再修訂

君子就是不堅持工具性知識

在〈工具、鉛筆與橡皮擦〉一文裡，我主要是想指出不管是什麼學問，都必須以創意或創造力作為它的理想或目標。這一點是不分自然科學或人文科學的。我又提到了工具這個觀念。我對這一部分沒有說得很深入。由於工具和孔子所說的「器」相似，所以現在就先從孔子講起。其實我很不想以孔子來開始寫文章，簡直就像香港人說的，這是「講耶穌」：講一些不着邊際的大道理，惹人討厭。

不過，今天就來個例外吧。先替孔子打抱一下不平。

孔子的話有很多都沒有真正得到重視，更不用說實踐。例如他答應去見衛夫人南子的事，兩千年來，不知如何解釋。不過這也就算了，因為這是男女私情的事。但是有的話應該如何解釋，那就很有關係。例如他叫我們要「以直報怨」，但是我們卻比較常聽到「以德報怨」，對「直」這個字，不甚了了。事實上，我覺得亞里斯多德的

「equity」或許可以幫助我們對「直」作出一個更為廣汎的了解。當然，中國人對於類似「equity」的觀念並不是沒有發展，例如費孝通（1910-2005）說中國社會及人情關係是一種「差序格局」，這就與「equity」有相似的地方。但是中國人講究的是道德的關係，與亞里斯多德關心的分配正義還是有一段距離。所以儒家的許多信念，我們既然不可以用宗教家的信仰來對待他們，信守為天下的至理，那就必須不斷地重新加以解釋，使它能日久常新。事實上，就是基督宗教的神學家們也對《聖經》不斷地做出再解釋，這才使得它能永續發展。孔子說，「人能弘道，非道弘人」。這裡指的不只是道德的實踐，而且也應該是知識的發揚。相同的，孔子說：「君子不器」。這句話大家常常引用，但是什麼是「器」，歷來很多學者有各樣的說法，但是很少舉出實際的例子。只是我們都知道，它就是君子的對立面就是。歷史上有誰是「器」的代表，那倒還沒有人具體提過。

一般地說，我們認為「器」指的是專業，因為專業是謀生的工具。孔子是貴族的後代，嚮往的是以前君子的生活，不要專業的知識或工作。君子具有所謂的通識（禮樂射御書數），是用來領導人的。至於維持生活的勞動力主要是來自老百姓或甚至於奴隸（孔子的時代，奴隸只限於做家庭的工作，已經不是農耕的主要勞動力），這些人當然不是君子，所以「君子不器」。

專業的、勞動的知識在孔子看來是用來從事生產和服務人的，不是君子必備的知識。這樣的看法合乎他的歷史背景，也變成了他對君子的定義。今天，我們的社會已經比他的時代複雜太多了，所以許多專業（像律師、藝術經紀人、教授、企業的董事或經理）人士也可以說是從事君子的職業，只要他們的行為合乎道德的基本要求，那麼他們常常也是社會的意見領袖或人們追求的理想。我們不再因為他們是專業人士而瞧不起他們。就是教授，雖然他們的知識很廣博或深入，但是畢竟學有所專，很難符合孔子所說的君子的標準。例如說，今天大部分的博士教授們對「樂」有修養的人恐怕很少吧！至於「射」，那就更不用說了。唐代以後，君子就是讀書人，他們要學的除了經書之外，已經漸漸改變為琴棋書畫，看似對君子的定義作出了比較合乎時代的詮釋，但畢竟還是不能清楚地說出什麼才是「器」。拿廣義的社會地位或經濟階級來作為思考的依據，這是行不通的。

韋伯是二十世紀的偉大社會思想家，他把知識（他用「理性」這兩個字，指人用他的心智來追求的知識）簡單地分成兩種（其實是四種，但是我們現在只談韋伯比較關心的兩種）：一個是帶有「價值取向」的理性，它是我們所懷抱的價值或道德信念；我們使用它來處理我們安身立命的方法。一種是「工具理性」，它是我們為解決生活的需要或研究客觀外在的事物時，所使用的理性；它追求的是最有效的、最適合的方法。我這樣簡單解釋韋伯精深的社會哲學的理論，因為不是做學術的探討，而是要點出人類使用思考（頭腦）不外是要解決人生意義一類的大問題，或者是要解決現實生活的實際問題。因此一個是價值性的，一個是工具性的。韋伯這樣的理論，說來很有意思。我們除了解決日常生活經常要依賴知識，用它來解決衣食住行，遨遊太空、探討奈米世界的問題之外，也常常不免反躬自省，問到底這一切究竟是為了什麼？發展原子彈的目的又是什麼？人生究竟又是為什麼？後者就是所謂的價值取向的理性思維。而工具理性當然就是前者。

韋伯。

韋伯並沒有把兩者分高下，而且認為所有的人都會使用這兩種理性。但是顯然的，我們會認為價值取向的知識（像哲學、神學、文學、藝術或史學等等）比較根本，也可能更為重要。孔子說「君子不器」，他的內心或動機應該與我在這裡所說的十分相近。

在西方近代思想史裡，開始拋棄人格神（傳統基督教的上帝）的信仰之後，對於價值的問題就起了很重大的改變，充滿了危機。人活著是為什麼？人應該選擇什麼？這些問題的思考，促使思想家們開始懷疑人的理性是不是只夠探索像物理、數學或生物學一類的知識？感情是什麼？它不是不理性麼？人何以能行善？人應該用什麼樣的知識來創造完美的世界，避免人行惡？這就是十八世紀下半以來把知識分為兩種的張本。德國的哲學家或社會思想家們最熱衷處理這樣的問題。他們開始覺得光是人的理性不能解決宇宙間所有的問題，特別是與意義或價值有關的問題。雅各比（F. Jacobi, 1743-1819）或許可以說是第一個把信仰和理性對立起來的學者。他系統地批判科學革命和啟蒙運動時代所強調的理性，認為它無法解決信仰一類的問題。康德有名的「純粹理性」與「實踐理性」的分法在某個意義上當然是上述雅各比說法的更為全面的探討。這些思想家們發展出價值取向（或實踐）的理性的說法，就是想處理他們沒有了上帝之後（只有自然，沒有創造主）所產生的窘境（因為從此沒有了倫理、道德及價值的基礎了）。所以有學者笑說十八、十九世紀的思想家把基督教的上帝從前門趕走，然後又把他從後門請回來。據說杜斯妥也夫斯基在他那本《卡拉馬助夫兄弟們》曾經這麼說：「如果上帝死了，那麼人就什麼都可以做了。」他不說人就自由了，可見西方人多麼怕上帝死了這樣的命運。（按：這是根據沙特〔Jean-Paul Sartre, 1905-1980〕的說法，現在專家都說杜斯妥也夫斯基沒有說過這句話。）

那麼追求一個價值取向的理性，這就遠遠比其他的理性或知識更為重要了。上帝是人活得有意義的根本。相對而言，工具理性就顯得「急不濟緩」了。最近幾十年來，對工具理性批判最為激烈的就是海德格（Martin Heidegger, 1889-1976），無怪乎基督教（特別是舊教）學者們一天到晚吹捧他。他認為近代工業化世界過分仰賴工具理性，以至於造成絕大的破壞。在某個程度上，進步的確造成許多人沒有預先料到的代價。

孔子講的「不器」，基本上是從道德的立場來講的，認為人生命的根本意義乃在於參與創造一個道德完整的世界（或社會），思考這一類的問題的人應該是社會的領導者，而其他的人從事專業的工作，其目的是解決我們生存的衣食住行或柴米油鹽的日常需要。這一類的知識不是君子需要追求的。

孔子離我們的時代太遠了。今天，價值或道德取向的知識已經為社會所不重視。但是還是有很多人認為這樣的知識才真的充滿了創造性和挑戰性。請問：這樣的知識不能賣錢，它還有存在的意義嗎？它還值得我們繼續探討、相互批判，建構為可靠的學問嗎？我的立場是，它當然是應該繼續被探索的，而且愈多的人參與，愈是重要。在某個層次上，它就是通識教育，是一切可以稱之為君子的人所應該具備的訓練和關心。「君子」們應該在他們的生活中經常不斷地思考這一類的知識。事實上，我相信最具有創意的學問大多是這一類的探索。工具性的知識當然不是完全沒有創意，但是它沒有像創造或探索價值那樣令人興奮。試想：如果你能不用工具，而獨立造一架鋼琴，那豈不是比買到一架世界上最可靠的史坦威鋼琴（Steinway）更令你興奮？

孔子的「君子」，是一種理想的人，而不是指任何階層或職業的人。一個人專攻任何學問都可以，但是如果要做一個君子，那麼他就不應該局限於他的工具知識。由此言之，「君子不器」就是不拘泥或堅持工具性的理性或知識。

想像母語的消失／想像消失了母語／想像 the 消失 of 母語

最近常常聽學者關心語言的消失，主張要努力保存受威脅可能消失的語言。他們認為保留語言可以豐富人類的文化，保護少數人的生活記憶。當然，這樣的說法對弱勢的、被威脅必須放棄他們的語言的人來說，是很動聽的。但是這樣的說法很空洞。我總是覺得人類學家或社會學家應該提出更為周全、更合乎邏輯的理論，來說服為什麼一個已經頻臨死亡的語言必須加以拯救及保存。

關注語言的消失是這半個多世紀的事。在從前，多數人認為一個國家使用一種語言乃是天經地義的事，而如果全世界只用一種語言，那就更為理想。猶太人的經典記載有巴別塔的故事。它的教訓就是：全世界的人原來只講一種語言，但是因為人類狂妄自大，所以上帝就把他們的語言打散了，使天下有各樣的語言，而滋生不止息的紛擾。中國古代人對語言的差異也很早就有警覺，但是他們一貫地假定天下只有一個雅

2月21日是聯合國國際母語日。右圖片來源：flickr by Ron Mader

正的語言，各地用詞或發音或許有所不同，但是它們都可以通過訓詁而互相明白。因此語言上的不同只是地域的差別（而不是文化的相異）。揚雄的《方言》是第一本系統收集並試圖會通各地「方言」的書。按照王力（近代中國最重要的語言學家）的說法，引申來說，這本書的第一個特色就是相信有一個所謂的「民族共同語」，只是由於地域不同，因此有所謂的「方言」。它的基本假定是有一個普天下共同接受的原本語言，各地不同的說法只是地方性質的差異，他們不影響基本的意義。

歷史的發展讓人們逐漸接受世界上有許多不同語言及語系的事實。但是人們總是繼續相信理想的狀況應該是只有一種語言。因此在十九世紀民族主義思想高漲的時候，這樣的觀念就常常被用來強化一個國家最好只用一種語言的主張。中華民國成立時，也通過以北京話來當作中國的「國語」（事實上應當是北京附近保定地方的官話，因為那裡住有最多的前清時期由各地方來的政府官員，他們必須學講所謂的官話，今天的「普通話」）。當時，有一些歐洲人創造了所謂的「世界語」，顯然是想要打破多種語言的魔障和民族的樊籬。他們相信一個語言是創造和平、進步、世界的基礎。當然，這個努力並沒有成功。

我們今天都知道，一個人如果能懂兩、三種語言，那麼他的生活就會更為豐富，而他的視野也會更為寬廣。事實上，全世界的中學差不多都會教至少一種外國語。在台灣，很多家長甚至於在小孩子剛進幼稚園時，就讓他們學英語。我想這是正確的做法，只要不把小孩子逼得過份就好。然而，在台灣，這麼一個對世界人類學以及語言學研究有根本貢獻的地方，大家普遍使用的「國語」，卻不是大多數人的母語。可見台灣是一個語言非常紛擾乃至於混亂的地方。但是現在很多人已經放棄自己的母語，改說國語。以目前言之，可以說十歲以下的兒童，差不多已經完全只懂得講國語，根本不能講家中世代使用的母語，甚至於聽都聽不懂。

我想提出三個原因來呼籲家長們應該親自或讓自己的長輩教子女們世襲的母語。第一個理很最簡單。因為這樣做可以保持一些自我生活方式的認同，減低隔代間的摩擦或矛盾。「認同」這個字比較抽象，是很多提倡學習母語的人多常常引述的理由。後者較為具體，因為這樣做可以維護家庭和傳統價值，保障社會和諧，減少因社會變動而導致的內部衝突。其實這是很傳統中國的觀點。中國人一向主張「齊家、治國、平天下」，所以有正當性的合法政府一定會設法貫徹「齊家」的理想，讓它與「治國」的政策及統治不產生矛盾。好的政府一定努力使家庭的傳統與國家的理想不發生太大的衝突。因此，我認為社會的安定正是奠基在保護家庭傳統上面，而維護這個傳統就在於母語的傳承。

第二，世界上這麼多語言，有一些免不了是會被淘汰。這個和文明的強弱異勢當然有關。不過，我認為從生物學的觀點來看，人類的文明其實不外是生物基因的延伸（參看威爾森〔E. O. Wilson, 1929-2021〕的《知識大融通》〔*Consilience, the Unity of Knowledge*〕及《論人性》〔*On Human Nature*〕），而宇宙的演化是趨於複雜（參看德日進的《人的現象》〔*Le PhénomèneHumain*〕），並且這許許多多的生物以及文化活動或因素都相互緊密的關聯在一起；在生物界裡，有所謂的「生物鏈」，把一切的「創造物」結合在一起，雖然不一定是缺一不可，但是一旦中間有缺口，那麼就會產生混亂，並因此造成禍害。相同地，人類的活動其實也相互密切地結合在一起，形成一種類似德日進所說的「精神圈」（noosphere），其中的組成單元都缺一不可。在社會日趨複雜的過程裡，如果有任何一個單元消失或突變，那麼人類文明就一定會產生激烈的變動（很像我們現在常常說的「蝴蝶效應」），使得很大部分的社會生活型態都受到干擾，必須投資很大的社會資源來重新摸索另一次的平衡（equilibrium）。語言的滋生是這個複雜化過程中最明顯的一個現象，也是支持精神圈逐漸向上的一個最重要的因素。這些都是傑出生物學者對人類社會及文明的看法。因此，隨意讓一個語言消失是非常不智的做法。人類社會也需要有系統的「環保」。

第三，語言的獨特性反映了文化的繽紛多彩，而且倒過來可以幫助人類更容易相互了解。我這樣說或許很玄，難以了解，而且或許有人會說如果全世界只用一個語言，那不就更為容易相通嗎？我們可以從一個很具體的例子來觀察這個問題。現代中文普通話的音大概只剩了四百多個，就是加上聲也不會超過它的四倍（因為有許多字並不都有四聲）。大家都知道粵語和閩南語的音就比這個多，而兩個語言的聲也比現代中文遠為豐富。高本漢（Klas Bernhard Karlgren, 1889-1978）指出中文的發展是同音的字越來越多，而聲也在發展的過程中減少到今天的四聲，以及少數殘留的入聲字。因此，聽普通話時，往往必須從前後文來辨識聲音，以了解說話人的意思。這種情形在閩、粵語就不那麼嚴重。此外，各不同語言或方言，都有文法或語義上的差異，它反映了不同社會的人思考事情的邏輯，失去了語言，這就會失去一個社會的文化邏輯。

換言之，不同語言如果強行加以融合，並在過程中，消滅其中的弱勢語言，那麼除了弱勢的人會感到很難充分、自由地表達他要說的意思，就是強勢的語言中特有的表達方式也往往收到反面的影響，而跟著消失。最近有學者發起正視北京土話消失的問題，因為北京住有很多外地人，他們

高本漢。

來了以後，學講北京話，不夠純正，結果產生了所謂的「普通話」。北京土話的許多詞，以及文法上比較有獨特性的用法，都消失了。這一來，不僅京戲、相聲逐漸少人欣賞，連帶本地的特色食物也漸漸少人吃了。普通話固然成了人們相互交流的用語，但是它是很貧瘠的，因為它沒有根。可見普通話的發展是一個語詞日益失真，語音日益減少的過程。最後就會變成一種形式的語言。中古的拉丁文就是如此，最後被各地的方言取代。

這話說遠了，不若引一兩個例子來結束這篇文章：在台語裡，如果我要說「你在這裡等我」，那麼它可能有兩种說法：「你 tiàm（台南或宜蘭人可能會讀成 tàm）這裡等我」，或「你 tī 這裡等我」。前者是命令語氣，命令聽的人在一個地方等他；「Please [You] wait for me here」。後者是指一個地方，說這就是聽者等說話的人的地方，等於是英文裡頭的過去式：「You waited for me here」。這個以副詞來分別語氣的用法是普通話所沒有的。今天，很多人已經不懂得有這樣的分別了。用台語講話，多數人只會用 tī，而不會用 tiàm，混淆了語氣上的不同。

一樣地，我們都知道閩南話（台語）中「我們」和「咱們」是分得很清楚的；

「lán」指的是包括講者與聽者（可以多個）在內的這一群人，特別是用在沒有另外第三者的場合；「guán」指的是在三個人以上的場合，要指其中的某兩位（包括講者），相對于不被包括在內的第三人時使用的。在今天的普通話裡，這種分別已經沒有了，也就是說「咱們」這個詞差不多已經消失。

可見取消了複雜化的語言演化，這就會使人在交流時變得十分困窘，只能講很形式的內容。相對也就難以溝通真正的感情。所有的家長因此應該盡量讓他們的小孩接受家庭母語的教育，並讓他們儘早學會社會上（或世界上）通行的主要語言。這兩者是不相互矛盾的。

輯五：音樂

少女的祈禱

在台灣的街頭，到處都有垃圾車按時在定點收集垃圾，當車子來到時，所奏的音樂就提醒我們是倒垃圾的時候了。大家都知道那個音樂就是「少女的祈禱」。事實上，有些地方用的音樂是「給愛麗絲」。後者是貝多芬的作品，與「少女的祈禱」並不相同，但是由於兩個曲子都是鋼琴小品（「給愛麗絲」速度較慢），長短又非常相似（都是大約三分半鐘），所以對一般外行的聽眾，有時候很容易混淆。

「給愛麗絲」廣為人知，這並不稀奇，因為它是貝多芬的作品。但是「少女的祈禱」會在台灣家傳戶曉，這倒是一個神奇的故事。首先，它的作者是一個波蘭人，名叫芭達捷芙斯卡（Tekla Bądarzewska, 1829-1861；有說是一八三四年生）。她是一個家庭主婦，很年輕就過世（三十二歲），但是一生中寫了不少曲子，只是大部分都已為人所遺忘，唯有這首小品（出版於一八五九年）廣為人知。事實上，今天能講得出芭達捷芙斯卡是「少女的祈禱」作者的人恐怕非常少，許多正統的音樂家也鄙視她的作品（中文的〈維基百科〉說：「在台灣，《少女的祈禱》被用作垃圾車音樂」）。然而，由於「少女的祈禱」是一篇浪漫時代的作品，曲調簡單，旋律也飄逸輕快，很能打動人們的心，所以頗為一般大眾所喜歡。據說二十世紀初，這首曲子在歐洲仍然非常風行。戰後則由於波蘭變成共產國家，所以這首有濃厚的宗教感情，屬浪漫風尚的作品就被冷凍，逐漸被人忘記。記得大約三十年前，我還在香港中文大學教書，卜立德（David E. Pollard）教授正在翻譯黃春明的小說，他就不知道小說中提到的「少女的祈禱」是什麼音樂。他來問我，我當時也無從說起。

「少女的祈禱」應該在二次大戰以前就已經傳入台灣。因為我從小就常常聽到人家練習這個小品。這樣的記憶在台南長大的我更是深刻。它的確是一首不難彈的曲子，因此十分流行。事實上，貝多芬的「給愛麗絲」也是困難度大略相同的作品，所以兩曲容易引起混淆。

早年台灣的西方音樂多由傳教士在教會和他們辦的新式學校介紹。而非教會的新式學校則是由日本政府所創始，因此教材也多由日本傳來。所以西方音樂的教科書或

芭達捷芙斯卡墓園，Mateusz Opasiński 攝。

樂譜大概也多取材自日本。就日本言之，早期的西方音樂當然是在明治維新（一八六八年）以後才開始普及。有名的拜爾（Ferdinand Beyer, 1803-1863）的《鋼琴練習教本》就是在一八八〇年由美國音樂家梅森（Luther W. Mason, 1818-1896）所傳入。這本教本在日本和台灣流行很久，到今天，在台灣仍然可以看到學鋼琴的小孩子在彈這本出版已經超過一百五十年的入門書。許多人曾在拜爾的基礎上作了各樣的修改，但仍通用其名。「少女的祈禱」不是入門的練習曲，所以不會列在拜爾的基礎教本裡。因此我想梅森應該也不會在這個階段就已經介紹了「少女的祈禱」或「給愛麗絲」。雖然一般日本學者認為梅森是第一個把鋼琴介紹到日本的人，而且尊敬他為後來東京音樂學校的創始人之一。不過由於他在日本的時間很短（只有兩年），因此我認為他介紹這兩個作品到日本的可能性不高。

在十九世紀、明治時代的前期，西方音樂家到日本任教的還有許多人，其中有一位是德國裔的俄羅斯人，名叫科泊爾（Raphael von Koeber, 1848-1923，Koeber 有時寫作 Koebel），他在東京帝國大學正式成立時應聘來擔任西洋哲學的教授。當時是一八九八年。他真正的本行是哲學，寫有關於叔本華（Arthur Schopenhauer, 1788-1860）及哈特曼（Karl Robert Eduard von Hartmann, 1842-1906，德國哲學家，就是他鼓勵科泊爾到東京應聘的）哲學的書。這兩本書都是用英文寫成，現在還可以在 Amazon.com 買到。可見他應該是一個不錯的學者。日本近代偉大的文學家夏目漱石（1867-1916）可能是他最有名的學生。夏目曾經寫了一篇長文紀念他，題為〈ケーベル先生〉。另外，著名的哲學家西田幾多郎（1870-1945）據說也是他的學生。科泊爾也是一位音樂家，擅長彈鋼琴。因此他在東京大學任教之餘，也在東京音樂學校兼課。這間學校就是上面提到的梅森所參與規劃創立的音樂學校，於一八八七年正式成立，校址在東京的上野（上野是東京重要的公園地區，以擁有國立西洋美術館，國立博物館，東京都立美術館，東京文化會館、寬永寺等文化勝地而有名；東京大學本部也屬這一區）。戰後它與東京美術大學合併，成為今天的東京藝術大學，是戰前許多台灣留學生學習音樂的地方（蕭而化〔1906-1985〕是一九三五年入學的中國留學生）。科泊爾年輕時喜歡音樂，曾在莫斯科音樂學校學習鋼琴，與柴可夫斯基是朋友，所以雖然後來學了哲學，也在海德堡、慕尼黑等大學擔任教職，但是始終對音樂抱有長年的興趣。

這樣看來，這位有俄羅斯公民身份的德裔哲學家兼音樂家很有可能就是把「少女的祈禱」介紹到日本的人。雖然他抵達日本時，「少女的祈禱」已經在歐洲流行了一段時間，但當時正是浪漫主義音樂最盛行的時代（當然也是歐洲許多思想紛紛浮現的時代：民族主義、無政府主義、頹廢主義、虛無主義等等，不一而足；其實浪漫主義思潮已經流行了數十年，而音樂的浪漫主義則略晚才興起）。同為波蘭人的蕭邦就是在十九世紀中葉登上了音樂的萬神廟。所以說科泊爾就是第一個把「少女的祈禱」介紹到日本的人，這是完全可能的。事實上，當時在日本的外國音樂家當中，科泊爾被認為是第一個以「鋼琴家」出名的人。研究介紹蕭邦到日本歷史的大島和美也認為科泊爾是早期介紹蕭邦的關鍵人物。一般音樂史家也都注意到在明治時代，「少女的祈禱」是很多人學習鋼琴必彈的一首作品。它被引入台灣，應該也就是在二十世紀初。之後，它就變成了許多台灣人都認識的鋼琴作品，老少咸宜。

這時「少女的祈禱」在歐洲已不流行。著名的劇作家布萊希特（Bertolt Brecht, 1898-1956）在他的名著《馬哈宮霓的興衰》（*The Rise and Fall of Mahagonny*）甚至以鎮日追求金錢的庸俗人的口吻，諷刺「少女的祈禱」是所謂的「永恆音樂」（eternal music；百老匯劇由魏兒〔Kurt Weill〕編劇執導）。科泊爾生前也曾以小品文而在日本有名。家父在他寫的《一百年來，事奉與服務的人生》中曾提到他從中得到許多啟發。最近，我讀周作人（1885-1967）《雨天的書》，也看到他說因為讀科泊爾（他譯為該貝爾〔Koebel〕）的小品文而知道托爾斯泰的思想。可見科泊爾除了寫有嚴肅的哲學著作之外，也有其他的屬於小品的文字，這些文字由他的學生譯成日文，題為《小品文》，在一九二〇年代由岩波書店出版，非常風行，影響了很多的年輕人。至於這本書的原文後來更出版為日本通用的德文教科書。說不定母校圖書館也藏有這本書。

科泊爾晚年生活比較淒涼。因是德裔，被日本人視為敵人。幸好他是俄國籍，尋求俄國保護，在俄國使館待了相當長一段時間。一九二三年去世，長埋異鄉。他一定沒有想到他所介紹的「少女的祈禱」會有這麼一段曲折的故事。以上拉雜寫來，沒什麼章法，也沒有意圖，只是我記憶當中的一些瑣事，引發我的考證欲而已。年紀與我相仿的人或許會從中得到一絲談助的快意。

——二〇一三年八月十日清晨於紐約佳柏谷

杜鵑花，歸去與杜鵑圓舞曲

母校的椰林大道上面佈滿了一叢叢的杜鵑花，每年三月綻放，爭鮮競豔，美不勝收。在臺大讀書的人，如果那四年中沒有到杜鵑花叢下和他／她的情人約會過，那麼就是枉走了一趟「杜鵑花城」。

在中國，杜鵑花的名字和杜鵑鳥從很早就交纏在一起。許多悲傷的故事在詩詞、小說和文學裡，傳頌不已。那位勤政愛民的蜀帝杜宇，每年三月化作杜鵑鳥，來提醒他的百姓們要記得春耕（因此杜鵑鳥也叫布穀鳥），因為叫聲不停，竟而吐血，灑在漫山遍野的春花上面，化成杜鵑花。所以杜鵑鳥和杜鵑花就從此結了不了情。另一方面，杜鵑花又是中國人一向喜愛的花，因為她開花時，紅遍滿山滿野，所以近來在中國，它也普遍被稱為「映山紅」或「滿山紅」。從白居易到楊萬里，都有讚美杜鵑花的詩。或許可以把她當做是僅次於牡丹的名花。近代中國稱頌杜鵑花的著名民歌首推蕪軍（原名方健鵬）作詞的《杜鵑花》，由黃友棣編曲，在台灣（甚至香港）年紀大一點的人都一定會唱的名曲。在最近的中國，令人驚奇的是《撒落一路杜鵑花》這首台灣民歌似乎在那裡也出了相當的名氣。我特別在這裡一提，乃是因為把這首邱晨寫詞的歌唱紅的包美聖是我歷史系的學妹。當然，宋祖英演唱出名的《映山紅》，紅到美國的紐約及加拿大的多倫多。但是《映山紅》比起《杜鵑花》顯然在格調上輸了一節，相信聽過的人都會同意。

傳說杜鵑的叫聲有點像「不如歸去」，跟期待情郎回來的感覺非常相近，好像情郎在回應少女想念的歌聲。然而，詩人的想像卻往往帶著哀戚。「杜宇冤亡積有時，年年啼血動人悲。」「蜀魄千年尚怨誰，聲聲啼血向花枝。」等等的詩句，在在反映一種憂愁，並進而有時光飛逝的聯想：「又是一年春事了，杜鵑聲裡斜陽多。」「可堪孤館閉春寒，杜鵑聲裡斜陽暮。」這是杜鵑鳥與杜鵑花的想像有差距的地方。

但是一般來說，雖然人們愛杜鵑花，杜鵑鳥則時刻在提醒人們思鄉：「不如歸去」。甚至於李時珍在《本草綱目》上也說：杜鵑，其鳴若曰：「不如歸去」。

說起「不如歸去」，不禁使我想起一首我從中學起就愛唱的曲子，就叫《歸去》

（有時也題為《杜宇》）：

歸去！歸去！夜深聞杜宇；
歸去！歸去！遊子牽離緒；
歸去！歸去！連宵雨浥塵；
歸去！歸去！心事沾泥絮。
聽！啼過小樓西，含淒苦，
斷續聲聲，漫道不如歸去！
算春心化作斷腸句；
託芳魂唯有花解語；
三徑途煙水半微茫；
空賸一簾紅雨。
歸去！歸去！歸去！

這首歌詞很美，令人輾轉難以忘懷，的確有思鄉的哀愁。可惜我問了很多人，都沒有人能說出誰是作者。我很自然地以為它一定是唐宋詞人之作（我對詞牌並不熟悉）。這幾年來因此到處尋找它的出處，卻總是找不到。現在電子資料庫這麼多，竟然還是無從查起，令我感到非常納悶。有朋友跟我說從前的中學音樂課本就是寫：作詞者：佚名。於是我就從音樂本身入手，想要訪查究竟是哪一位先生寫出這麼一首令我神往，又能表現出杜鵑思鄉心情的樂章。有趣的是很多跳土風舞的朋友都告訴我說，這首曲子是《杜鵑圓舞曲》。於是我開始搜尋《杜鵑圓舞曲》的資料，結果發現這首舞曲其實是一個瑞典人叫做約納孫（Johan Emanuel Jonasson, 1886-1956）寫的。約納孫並不是很有名的音樂家，為什麼他寫的這首舞曲會傳來中國及台灣，這是非常不可思議的事。

有趣的是有一位美國人甘博爾（Scott Gamble）在上世紀八、九十年代也曾前後花了八年的時間想要找到這首曲的源頭，以明白它在美國流行（或不流行）的情形。簡單地說，他有一次打電話給朋友，在等的時候，電話播出了一首他似曾聽過的曲子。就此，他像着了謎般地要追縱她。八年以後，歷經國會圖書館，已經賣掉了的唱片公司，紐約的酒吧，迪斯耐公司的音樂部，日本的 TIE Communications（現屬日通電子公司），瑞典的文化部，和不知多少次的電話之後，終於訪查到它就是約納孫的《杜鵑圓舞曲》。而他所能找到的最早的錄音是二戰期間的一張唱片。約納孫編作《杜鵑圓舞曲》的時候是第一次大戰的前一年，是為了一家默片電影院編寫的，用來作為無聲電影的伴奏。

由此看來，《杜鵑圓舞曲》在美國並不流行，雖然在歐洲或其他地方，至少在一九二〇年代它就已經印成歌譜販賣。在美國不流行，或許是因為早在一八七九年，美國就已經有一首由金克爾（C. Kinkel, c. 1840-1868）所作的同名曲子（Cuckcoo Waltz）吧。

既然這個曲子被引進中國，那麼它被填進歌詞，成了《歸去》，這就合理了。我查了不少有關中國二十世紀音樂家的資料之後，終於讓我查到填詞的人是沈心工（1870-1947）。沈氏被稱譽為介紹近代（西方）音樂到中國的第一人。因為他受過舊式的教育，所以

沈心工。

頗能用豐富典雅的詞彙來填許多西洋歌曲的中文歌詞。《歸去》與杜鵑鳥是相連的，把「不如歸去」的意境寫進《杜鵑圓舞曲》，那就更合理了。同時，沈心工的名字不能在台灣的音樂課本上面出現，也就不足為奇。今天，就是在中國，《歸去》也已經幾乎完全被人忘記。我有幾次翻查谷歌，完全無法找到把詞和曲同時印在一起的《歸去》的樂譜。頂多只找到一張不完全的簡譜。另外，我所能找到演唱這首曲子的唱片，竟然是一張四十或五十年代在新加坡出版的唱片，由一位當年聞名南洋的華僑歌手林麗演唱。在谷歌的穹蒼裡，這是唯一能找到的《歸去》唱片，真是令人悵惘。在台灣的卡拉OK那麼多的歌曲目錄中，我也一樣找不到她（按：找《杜宇》就或許可以找到一些）。

我找尋這首歌的歷程，跟上面所提到的美國人甘博爾也幾可相比了。事實上，《杜鵑圓舞曲》在台灣是很流行的，因為它編成為鋼琴曲之後，常被學鋼琴的人拿來作為中級的練習曲。在社交舞、土風舞的場合裡，也常常被演奏。上個世紀二〇年代的台灣受到「大正文化」的影響，所以很嚮往西方的社交生活和他們的華爾茲，而這首名為《杜鵑圓舞曲》的華爾茲正是大正時代在日本非常流行的鋼琴曲，所以連帶影響了很多台灣人。就是今天，還是有很多人學跳這個舞。顯然，這幾十年來，約納孫的《杜鵑圓舞曲》和由沈心工填詞的《歸去》好像是各自在一個不同的世界生活著，沒有交集，這也難怪我必須花這麼多的時間來尋覓她們的源流。但願我的努力，可以把她們重新「合體」，帶給我們更多的歡喜。

——謝謝許多朋友的貢獻，特別是提供很多資料的陳雅湞教授。

二〇一三年二月七日於美東佳柏谷

散塔露琪亞

我們讀中學時，大多應該唱過「散塔露琪亞」這首拿坡里的民歌。記得我高中時還曾經在電台的廣播節目獨唱過它。現在台灣流行的中譯歌詞是蕭而化先生翻譯的。蕭而化曾在日本留學（1935-1938）。戰後他來台灣旅遊，有感於台灣的條件比他當時任教的福建音專更好，因此就留了下來。但是他是什麼時候把這首曲子翻譯為中文的呢？這個我暫時無從查考，可以留待他日。不過我猜想最可能就是他在日本讀書的時候，因為接觸到這首歌，所以開始進行翻譯吧！

日本人又是什麼時候引進「散塔露琪亞」的呢？我查到的資料，看起來應該是在大正年間（1911-1925）由知名的音樂家堀內敬三（1897-1983）翻譯歌詞為日文。昭和四年（1929），它被編入中學音樂教科書，並於昭和十年（1935）出為唱片。於是這首民歌就開始在日本流傳開了。這一年正是蕭而化到日本留學的一年。由於他是武藏野音樂學校的學生，因此一定曾聽過這首民歌，或至少有印象。戰後，這首歌仍然非常流行，於一九四七年再度被編入音樂課本，不過用的是小松清（1899-1975）的翻譯。所以有人說在日本，學校裡通用的是小松的詞，但是外面大家比較喜歡的則是堀內的翻譯。

無論如何，這首名曲在戰前的台灣大概還沒有開始流行，而如果有的話，恐怕也只在小圈子有人用日文唱。蕭先生的翻譯因此特別寶貴，而他的翻譯也真是上乘。由於蕭先生在台灣，還寫了不少的反攻歌曲，所以他所翻譯的這首歌詞就沒有在共產中國流行。奇怪的是我所找到的兩個在中國流行的翻譯，卻竟然也都找不到譯者的姓名。

「散塔露琪亞」是意大利南部拿坡里（Naples，意大利文作「Napoli」）港口西邊靠海的一區。這個地方稱為散塔露琪亞（意大利文為「Santa Lucia」，英文作「Saint Lucy」），乃是因為崇拜天主教八大聖女之一的聖女露琪亞之故。聖女露琪亞是第三、四世紀西西里島的敘拉糾斯（Syracuse，意大利文作「Syracusa」，中文基督教聖經翻譯為「敘拉古」）人，因為被指控相信基督教而被處死，後代傳說更說她是被挖眼睛而死。第七世紀之後，天主教會封她為聖人，所以大家普遍使用「散塔」（就是「聖」的意思）來稱呼她。對她的信仰很快廣及西歐各地。當時英國也有關於崇拜她的記載。拿坡里同時也開始傳說擁有她部分的骨骸（聖髑），所以這一個海邊被稱為「散塔露琪亞」。

「散塔露琪亞」是一個漁港，但是聖女露琪亞並不是保護船夫的神，所以該地到了二十世紀之前並沒有以「聖女露琪亞」為守護神。這也就是說，拿坡里跟聖女露琪亞實在並沒有特別的宗教關係。但是中古以來，這地方的船夫已經開始傳誦它，頌讚「散塔露琪亞」的美麗夜晚。如果我們唱這首翻譯的歌，由於不知道「散塔露琪亞」是地名，很可能以為是美女或情人的名字，就好像愛爾蘭民歌，「我的邦尼」（My Bonnie），一樣，引人遐思。當然「散塔露琪亞」就是「聖女露琪亞」，所以說是人名也沒有錯，只是作為近似呼喚情人的歌曲，他稱頌的對象未免不是太對。最近音樂家劉美蓮女士曾提倡把這首民歌改名為「聖潔露琪亞」，或許可以幫助我們滌除不必要的誤解。

有趣的是對聖潔的露琪亞的崇拜雖然是天主教的信仰，但是它竟然在基督新教的地區保留了下來。這個情形在保留有不少異教色彩的北歐國家特別明顯。這是因為聖潔露琪亞的饗宴日是十二月十三日。用西方的古曆法，這一天正好是冬至。傳統上，北歐國家（特別是瑞典）的少女們在這一天會穿白袍，點蠟燭來慶祝日照時間又開始漸漸長起來。當然，我們現在的冬至是定在十二月二十一日（一五八二年由教宗額我略十三世〔Pope GregoryXIII〕所頒用，那一年舊的儒略曆已經晚太陽的速度十天），但是慶典仍然用十二月十三日。於是兩個節日就混起來了：一個是慶祝陽光的恢復，它不是基督教的節日，但是由於露琪亞的拉丁文「Lucia」和光（lux，複數為「lucis」）兩個字相近，所以瑞典人就常常以歡迎陽光的典禮來與記念聖女露琪亞的活動同時舉行。

今天，瑞典的女孩子們仍然流行在十二月十三日一早穿白衣，帶紅色腰帶，點蠟燭，跟在被選為露琪亞的大姐（她的頭上更特別頂戴有七隻蠟燭）後面，叫醒人們參與慶祝。這個節日同時也是聖誕節各樣慶祝活動的開始。有趣的是，每年十二月十三日正也是諾貝爾獎的得主來到瑞典領獎的時候，所以會遇上聖潔露琪亞的慶祝活動。聽說得獎人在酒店裡，也會被一群白衣少女，拿著蠟燭來叫醒他們。這麼一個文化傳統當然令人感染慶典的喜悅和興奮。所以一般諾貝爾獎的得主都會高興被吵醒，參加

瑞典的「聖潔露琪亞」節是在冬至及聖誕的慶祝活動。
圖片來源：Flickr by Bengt Nyman

這麼一個快樂（迎回太陽光）的活動。不過聽說去年有一位得主大概因為長途旅行，睡得不好，又被吵醒，竟然大發雷霆，向頒獎的當局抗議，真是煞絕風景。

可見「聖潔露琪亞」的慶祝活動在瑞典是多麼流行。我雖然查不出這首歌本身是什麼時候在拿坡里開始流行的，但是我們非常知道，它是什麼時候變成用意大利語來唱的。我們都知道意大利的「統一」是在一八七一年。它因為梁啟超寫了《義（意）大利統一三傑》這本書而成為近代中國膾炙人口的歷史故事。這首歌與統一的政治活動有一點關係，因為它代表意大利人追求民族復興的第一炮：從拿坡里方言翻譯成意大利文。翻譯的人名叫柯特羅（Teodoro Cottrau, 1827-1879），出版於一八四九年。這一年，意大利統一運動正式開始。

十九世紀中葉，拿坡里這首民歌應當已經流傳遐邇，瑞典方面，至少慶祝聖潔露琪亞的慶典已經十分普遍。但是我們不知道瑞典人是不是會唱「散塔露琪亞」。如果會唱，那麼又是用拿坡里方言，或是在一八四九年之後，採用意大利文，或者瑞典文？從十九世紀瑞典著名的女作家的一本書上，大概可以猜想在瑞典流行的應該是意大利文的翻譯。這也就是說，在一八四九年之前，瑞典人固然有慶祝聖潔露琪亞的活動，但是要到意大利文的「散塔露琪亞」開始流傳之後，它才引介到瑞典（以及其他的北歐國家，包括德國）去。瑞典這位作家名叫布瑞美（Fredrika Bremer, 1801-1865）。她在《在瑞士與意大利的兩年》（*Two Years in Switzerland and Italy*, 1861）書中說她和一對英國夫婦在一八六〇年到了拿坡里。七月十二日晚上，他們一起出去泛舟，並合唱了「散塔露琪亞」的歌。她特別把歌詞記錄了下來。她說：「我特地把這首人人喜愛的歌的原文記錄下來，希望有一天會有合適的翻譯出現。」因為抄下來的是意大利文，因此我們可以想像當時流行於英國或瑞典的已經是意大利文。布瑞美記錄那天晚上的情景，令人神往，正與「散塔露琪亞」的歌聲相互輝映：

> 我們在燦爛星光，水波衝擊的愉快夜晚下，回到了住處。每一次船槳打水，就激起千萬蜿蜒波紋、隨伴不斷閃爍的光芒以及看不盡的火花。心魂（Psyche，一位同行的模特兒少女，大家戲稱她為「心魂」）唱起了「散塔露琪亞」，我們也都跟著一起開懷合唱起來。……

「散塔露琪亞」無疑的是一首無邊浪漫的歌曲，唱了之後令人忘懷。年輕人一定特別如此，至少我年輕的時代是如此。一九三三年，一個意大利畫家應泰國文化部之邀，在曼谷創立了泰國藝術大學（Silpakorn University）。這所美術學校現在已經升格為全科大學。它的校歌居然就是「散塔露琪亞」。這豈不應了這所學校「生命苦短，藝術永恒」（*Ars longa, vita brevis*）的校訓！

黃昏遠海天邊，薄霧茫茫如煙；微星疏疏幾點，忽隱又忽現。海浪蕩漾迴旋，入夜靜靜欲眠；何處歌喉悠遠，聲聲逐風轉？夜已深，欲何待？快回到船上來！散塔露琪亞，散塔露琪亞。

——二〇一九年春分之日於紐約華萍澤瀑布

菩提樹

舒伯特。

現在知道下面這三件事情，並且知道它們是「相關」的人已經非常多了。這三件事是：一、《菩提樹》這首著名的歌，作曲者是舒伯特（Franz Schubert, 1797-1828）；二、這首歌原名其實是《椴樹》（德文是「der Lindenbaum」；英文做「Linden tree」），但是中譯卻成了《菩提樹》；三、這首歌好像與《真善美》（*Sound of Music*；或譯《音樂之聲》、《仙樂飄飄處處聞》）這個電影有關聯，只是什麼樣的關聯，一般人並不是能講得很清楚。

首先，我想從《真善美》這齣一九六五年的電影講起。絕大部分的人都記得它是關於一個奧地利的音樂家庭如何從奧地利逃亡到瑞士的故事。這個家庭原本是奧地利的貴族家庭，住在豪華美麗的大宅裡，繼母原本是一位修女，奉修院派來當家庭教師，後來嫁給了喪偶的七個小孩的爸爸。一家有濃厚的音樂素養，常常演出，但在納粹侵占奧地利之後，由於父親反對納粹，不得不出亡外國。這個電影充滿了很多溫馨如詩的音樂，一群小孩子在奧地利美麗的青翠山巒間相互唱和，那種純情天真的場景使得它成了人人喜歡的電影。

電影本身的故事很簡單，但是一般都認為有事實的根據。這樣說也不算錯，因為它是根據二戰前奧地利的特拉普（Trapp）音樂家庭的經歷改編。這個家庭和電影《真善美》中的家庭一樣，反映出深厚的奧地利社會喜愛音樂的特色。特拉普家庭在二次大戰前已經出名，事實上他們並不是出逃瑞士，而是奔走意大利，因為特拉普先生有意大利護照。他們逃到意大利後輾轉去了美國，在美國時，他們再一次將音樂家庭的樣貌呈現給美國社會，並受到普遍的歡迎。後來孩子們漸漸長大，有各自的人生規劃，所以不久即拆夥，並把他們的故事賣給一個德國的製片家，這個製片家就用他們的故事拍成了《特拉普家庭》（*Die Trapp-Familie; The Trapp Family*；日譯《菩提樹》，1956）；這個電影也曾在台灣上映，我看的時候大約是初二、三）。這部電影中雖然沒有《真善美》裡有名的〈Do-Re-Mi〉之歌、〈小白花〉，但多了〈菩提樹〉、〈小蜜蜂〉等大家耳熟能詳的插曲。它賣得非常好，因此引起美國百老滙劇作家們的注意。於是這個德國人把特拉普音樂家庭的故事轉賣給百老滙，並且拍成了有名的《真善美》。德國電影公司後來又另外拍了一部《特拉普家庭在美國》（日譯《續菩提樹》），也獲得很大的成功，可說是非常純粹的德國及奧地利浪漫文化在二戰之後對納粹法西斯專制主義的成功控訴。

說到這裡，讀者或許還不能理解「菩提樹」跟特拉普家庭以及相關電影有什麼關係。這個說起來簡單，可也有點複雜，我想要先講一個我個人的故事：二〇〇一年十月，我在德國參加一個由我的好朋友施寒微（Helwig Schmidt-Glintzer）教授召開的史學會議。會後他帶我們到附近的名勝去參觀。在一間大教堂旁邊，我看到一棵很高大的樹。因為不認得這種樹，所以就隨口問了施教授，施教授告訴我，這是一種德國到處可以看到的樹，叫做「Lindenbaum」。在傳統社會，吃過飯黃昏時，大家習慣坐在這種樹下，靠著村裡公用的水井，談天說地，拉著小提琴，朗誦詩歌。我一聽就想起我們中學學過舒伯特的〈菩提樹〉，哼起了它的旋律。施教授聽了高興地連聲說：「對了，對了。」(Ja! Ja!) 由於是小時就學會的歌，所以我們都感到很興奮。我當即在地上撿起了一片菩提樹的葉子，從此這張葉子就一直夾在我的《中國傳統教育史》書稿裡，直到它終於不知何時就與天地一同物化了。

說起來好笑，這首名曲如上所說，應該叫做〈Lindenbaum〉，翻譯應稱為「椴樹」。這種樹在世界各地都可看到，名字也各有不同，在中文裡，「椴樹」是最普通的名稱。那麼為什麼會翻譯作菩提樹呢？也許是因為兩種葉子很相似，所以當日本第一次翻譯這首歌時，翻譯者近藤朔風（1880-1915）就逕自把它翻譯成菩提樹。椴樹在日本也不少見，但是好像從江戶時代就有稱它為西洋菩提樹的先例，所以喜愛音樂但或許不太懂植物學的近藤就把它翻譯為菩提樹了。

我相信在大正時代，《菩提樹》大概就已傳到台灣，但是戰後台灣的音樂教科書採用的版本應該是中國人所翻譯的。但是在中國，以中文翻譯及介紹這首歌的，目前所能查到的是一九四四年才第一次出現。這篇介紹的文字還附了簡譜，登在廣西桂林出版的《音樂知識》。然而，雜誌上並沒有作者的名字，歌名則翻譯作「在門前那井傍」。抄錄如下（第一節）：

在門前那個井旁，
有一株 Linde 樹。
在它的綠蔭底下，
我做過許多夢。
亦曾在它的身上，
刻提過許多字。
我每次把他想起，
總是又悲又喜，
總是又悲又喜。

可以注意到，翻譯者並不知道「Lindenbaum」是什麼樹，所以乾脆就把它的德文字留在中文歌詞上面，譯者顯然沒有受到日本的影響。由此看來，台灣中學音樂教科書用的詞很可能是根據日文翻譯而成，因為連歌名都採用了日本的翻譯。但究竟是誰翻譯的，現在已無從查起。在解放後的中國，這首曲子也漸漸流傳了，現在公認鄧映易（1920-2004）是中國通用歌詞的譯者。她的譯詞也使用了菩提樹，可見多少也借用了日本的翻譯。抄錄她所譯的第一節歌詞如下（全曲的三節歌詞和樂譜可看 https://qupu.yueqiquan.com/gangqinpu/184977.html）：

門前有棵菩提樹，
生長在古井邊。
我做過無數美夢，
在它的綠茵間；
也曾在它的樹幹上，
刻下甜蜜詩句。

無論快樂和痛苦，
常在樹下留連。

這個翻譯與台灣流行的版本有出入，但由於台灣的音樂教科書沒有寫出譯者是誰，所以只能想像可能是三個地方的譯者互相傳抄，而台灣的譯者不敢具名吧。晚到本世紀，因為新竹中學的蘇森墉（1919-2007）先生替這首曲子編了合唱曲，中文的譯詞總算是在台灣定了下來。新竹中學的合唱團在我的時代名震遐邇，常常得到全台合唱比賽的冠軍。蘇先生出生於台北，早年回福建讀書發展，所以熟悉中國當時的音樂界。他又能閱讀日文，所以一定也知道這首名曲的日譯是「菩提樹」。

以上的這些討論，應可讓讀者們對本文一開始就提到的三件事情相互關聯有了瞭解。〈菩提樹〉這首歌曲是許多在台灣受教育的人的共

蘇森墉是台灣知名的合唱指揮大師。

同記憶，因此以上的知識應該會使我們有更甜蜜親切的感受。這歌詞原是德國詩人繆勒（Wilhelm Müller, 1794-1827）所寫，而由舒伯特譜曲。事實上，舒伯特替繆勒譜曲的是後者的專輯「冬之旅（Winter Journey）」，共有二十四首，而《菩提樹》為其中第五首。「冬之旅」的歌詞及氣氛是悲觀的，與舒伯特同期的作品有很大的差異。據說他第一次對好朋友們發表這個作品時，他們都感到非常錯愕驚奇。最近音樂學者們認為，這是因為舒伯特和他的音樂圈朋友們都感受到梅特涅（Wenzel von Metternich, 1773-1859）首相治下的奧地利政治的壓迫氣息，雖然當時的浪漫運動正方興未艾，但是自由創作的氛圍卻像嚴冬，充滿逼人的肅殺寒慄。不過，這樣的解釋究竟是對著曲子本身，抑或是對著繆勒的原詩呢？這麼一個有趣的問題就留待讀者們在異國的記憶中探索吧。

——二〇二〇年九月五日於台北旅次

輯六：懷人

德日進神父

德日進神父。圖片來源：wiki by Sokoljan

前一陣子，閒來無事，谷歌（google）了一下自己，竟然發現臺大圖書館還保留了我在四十多年前手寫的畢業論文，而且它的封面和第一頁還放在網路上，表示任何人都可以到臺大圖書館去借閱這一篇論文。我雖然很興奮，得見多年來以為已經不存在的舊稿，但也真是把我嚇出了一把冷汗。如果知道大學時的作品會留到今天，或許當年就應該更謹慎、更兢業地把它做得更好。當然，留下來的不是只有我的論文，其他許多同學的論文也都給編號保存，令人深深感到圖書館近年來真的是做了很多重要的工作。更重要的就是把日治時代的許多書籍、文獻重新整理上架，這真是功德無量、造福學子，遠勝過只保留戰後的學生論文。總之，母校的圖書館充分地發揮了它的服務學術和鼓舞思考及創新的功能，非常令人欣喜和感激。

我當年的論文是翻譯德日進（Pierre Teilhard de Chardin, 1881-1955）神父的《人的現象》（*Le Phénomène Humain*；*The Phenomenon of Man*）。德日進這本書主要是他作為一個古生物學家，鑽研宇宙及人類歷史的演化，而寫成的一本屬於宗教或神學的作品。這本書非常難讀，而且我又不懂法文，因此起初我相當躊躇。但因為我當時正在讀上古史，知道德日進對中國地質考察的重要貢獻，因此對於他生命的另一面就產生非常濃厚的興趣，決定請方豪老師來指導我，勉強進行英文的翻譯。坦白說，德日進的思想在當時很少人知道，而這本非常近於神祕思想的書（一本「神祕的人」的「神祕的書」）更罕有人知悉。翻譯的過程倍感艱辛，最後只好把其中涉及生物學知識的部分暫時擱置、沒有翻譯。

德日進生在法國南部，從小就喜歡自然歷史，因此長大後，專攻古生物學。但是研究古生物學一定要引用演化論，所以在加入天主教的耶穌會當會士之後，自然遇到了應不應該繼續相信演化論的難題。由於他認為演化論不僅有助於了解古代生物的種種現象，而且進一步可以幫助我們對宇宙的變化、演進及目的有更深入的認識，只得拒絕完全放棄演化論。天主教會因此派遣他到中國，要他遠離主要的神學發展的歐洲。沒想到來到中國，德日進更如魚得水，參與了當時在中國發展得如火如荼的考古學挖掘、地質學探討，以及氣候的變遷歷史，並且做出了很多重要的貢獻。與他合作的名人有楊鍾健、裴文中等人，都是近代中國學界的傑出領袖。即使晚到當代中國地質學的大師像李吉均（1933-2020）也都間接受到德日進學說的影響（在李所著《青藏高原隆起的時代、幅度和形式的探討》一書中，他把青藏高原的隆起與蘭州附近的階地系列的形成聯繫起來，而德日進正是第一位注意到蘭州階地在地質學上有相當重要性的人）。後來張光直寫作他有名的《古代中國考古學》也採用德日進的學說，也因此受到何炳棣的攻擊。何炳棣採用的是李四光的理論，而今李四光的意見已被證實不正確。另外，德日進更提出「乾極」（dry pole，即最為乾旱的地方）在中國蒙古的構想，雖然現在也證明並不正確（應該是在智利北部或南極大陸），但是對後來氣候學的研究仍有積極的影響。

德日進雖然勤於學術著述，但他並沒有忘懷對諸天與穹蒼的想像，更不忘宗教在他生命中的意義，因此他不時思考「演化」或「過程」的觀念，探索是不是可以用來替代本質或存在，好描述宇宙與人類的過去與未來。一九三〇年代末期，他羈留在北平，那時已經進入中國的抗戰時期，所以一切的考古工作停頓，北平被日本人所統治，因此他和許多歐美學者都受到了嚴格的管制。德日進就利用這個時候寫成了那本巨著。當時與他一起被安置在管控區的還有著名的漢學家夫婦芮沃壽（Arthur F. Wright, 1913-1976；有時也翻譯為瑞德）及芮瑪莉（Mary C. Wright, 1917-1970）。後來我與芮沃壽讀書，芮先生還曾給我看德日進寫給他的信。我當時看到這份簡短的信件，內心真是激動不已（我也曾看到湯恩比、偉利〔Arthur Waley, 1889-1966〕和許多漢學家的手簡，這些都對我這個年輕的學生有很多鼓舞的作用）。

德日進對演化論的說法，以及因為他的神學對基督教的「罪」觀太過忽視，因此一直受到教會方面的杯葛。我在網路上讀到他被迫每週向他的上級神父報告思想進程的紀錄，也被禁止與比他年輕的神父來往。可以想見他在精神上過著多麼痛苦的生活，這樣的經驗成了一種特殊的精神動力，使他寫出好幾本近乎神祕性質的靈修書籍。在他看來，當宇宙開始趨同（克服了熵〔entropy〕化的自然律所命定的宇宙歸宿）並奔向終點（他稱之為俄梅嘎點〔Omega Point〕，俄梅嘎是希臘字母的最後一個）時，宇宙就成了上帝實現全然的愛的祭壇，所有的罪都將被消滅。這樣的看法當然與正統的基督教（或天主教）神學是不一致的，因為不論是天主教或基督教，都相信有煉獄或地獄。因此窮其一生，他無法出版他在神學上的著作。德日進晚年住在紐約（因為有一位很好的、同屬耶穌會神父的朋友在華盛頓的喬治城大學〔Georgetown University〕教書，所以他來到美國。他晚年的私人文件及書稿也就因此留在該校）。一九五五年三月十五日，他已經體弱衰老，他對朋友們說，他很希望能在復活節那天過世。那年復活節（四月十日）晚上，他果然因心臟衰竭，完成了他的願望，回去與天主同住。

我並不是天主教徒，但是對於他這一生受到的精神凌虐，感受非常深刻。他受的苦並不輸於伽利略，而在他的私人生活方面也顯然比伽利略更為嚴謹：伽利略不是神職人員，我這樣對比似有不妥，但伽利略有一個私生女，卻反倒使他的精神生活受到意外的安慰。德日進就沒有這樣的慰藉。因此，從德日進炯炯有神的眼光裡，我們似乎可以看到些許的孤獨與哀傷。

德日進死後埋葬在紐約上州的耶穌會墓園，離我的住家不算遠。他的墳墓與其他近三百個其他的墳墓排在一起，非常簡單樸素，一點都不顯眼。然而，他的書在死後出版，暢銷全球，連天主教會也逐漸接受他的看法。剛離職的教宗本篤十六世還曾經引用他的思想，來說明宇宙本身就是上帝的一場儀典（liturgy）。有名的小說家韋斯特（Morris West, 1916-1999）曾經把他寫成一位教宗的顧問和心靈摯友。幾十年來，我已經淡忘了年輕時對德日進的神往，但是年齒日增，我就更加想與這樣的人親近。我所翻譯的《人的現象》後來得到輔仁大學陸達誠神父的校閱，比對法文的原文，而於一九八三年出版。這已經是我從臺大畢業（一九六八年），到耶魯大學讀完博士學位之後將近十年的事了。前幾年，由聯經出版社授權，《人的現象》也出了簡體字版。

我的朋友當中以名畫家陳錦芳博士對德日進最為崇拜，他能用法文整段背誦德日進在《人的現象》一書中的名言。我與陳先生認識較晚，但是當他知道我把德日進的書翻譯成中文之後，對我倍感親切。這就是十八世紀法國思想家皮耶・貝爾（Pierre

Bayle）所稱「文人的共和國」的真諦。我一生寫過的文章中，以介紹德日進思想的〈《人的現象》中譯本序〉算是比較令我喜愛的一篇。偉大的心靈常常會在交流中啟發願意思考的人。一九八五年的美國物理學會年會時，據說至少有三個討論小組是以德日進的思想作為主題（這是我在《新聞周刊》看到的，現在已經記不清楚了）。可見有很多嚴肅的科學家們也從他得到啟發。

——寫於二〇一三年清明後兩日於竹北

梁漱溟

學人文學術的人，常常要寫長篇論文，因此必須仰賴圖書館的豐富藏書，大學圖書館就變成了文科學生最重要的家。我在臺大四年，雖然不是經常在圖書館讀書、溫習功課，但是到圖書館借書，那是家常便飯。

梁漱瞑。

今天的學生一定很難了解我們當年借書程序的繁瑣。現在可以直接到架上去取書，出館門時，到借書的機器，用學生證一刷，就可以把書拿回去。根本不需經過圖書館員來核對。就是在家裡要知道圖書館有沒有自己想看的書，只要上網去查一下就可以，根本不用跑圖書館。另外，還有很多的電子書或資料庫在網上就查得到，真是方便得很。將來，許多圖書館的資料更會儲存在雲端，那就更不難想像那種方便了。

四十多年前，情形完全不一樣。除了有漂亮而陳舊的圖書館以外，上面說的一切服務都還沒有。學生要借書，就得先到那上百個的書名、作者及標題卡的櫃子去查看有沒有這本書。如果有，就填寫書單，把書名和書號寫上去，讓圖書館員去架上找。總要花個二十分鐘、半個小時，有了那本書了，這才在圖書證上寫好書名和書號，讓圖書館員蓋章，登記你要借這本書，蓋上你必須還的日期。然後圖書館員還要在貼在書最後一頁的還書期單上蓋必須還書的日期，這才可以從圖書館員手上取得你要看的書。

我們當時每一個學生有一本圖書證，是一個小冊子，好登記允許外借的書名、書號和外借的期限。每一本小冊子，大概夠登記兩百本左右。每位學生每次借書的數目有一定的限制，所以這個冊子是夠用一段時間的。我記得我讀完四年要畢業時，才用到第二本冊子的三分之二。我不算很常借書的人，不過大概也不是太懶，相信大部分的同學都只用了一本。

我在臺大所借的第一本書是梁漱溟的《東西文化及其哲學》。這一點，我完全記得，就好像我去美國所買的第一份報紙是世界聞名的《紐約時報》（一九六九年八月三十一日），而第一本書是*Mao Tse-tung: An Anthology of His Writings*（Mentor Book, 1962）一樣，這些經驗都是一個人成長時所必經的階段，是記憶當中的里程碑，不會不記得。

我會知道梁漱溟的書是因為有一次在台南參加教會的冬令神學營，當時的講者周聯華牧師在演講中提到它。周牧師對於梁先生的意見作了簡單的介紹。在當年，提到梁漱溟是可以惹起麻煩的，但是周牧師是蔣介石夫婦凱歌堂的牧師，而且也只是簡單帶過，所以當然沒有什麼問題。但是這一提，倒使我對梁漱溟感到興趣起來。那時，我只在蔣夢麟的《西潮》上面讀到批評梁漱溟的話，說是在抗戰初期，蔣介石曾經邀請了一些讀書人，徵詢他們對抗戰以及種種文化問題的意見。蔣夢麟說，梁漱溟發言，空洞冗長，幾乎是不知所云。傅斯年聽不下去，站了起來把他斥罵了一頓，說國難當前，而梁漱溟卻只在那裡說空話，不讓他再講下去。《西潮》是一本很好的自傳，我讀的時候大概是初三或高一。它在《中華日報》連載，我每天讀它，非常認同，也非常喜歡。因此我對梁漱溟的印象就不是很好，只覺得他是一個冬烘先生。但是周聯華先生竟然也提到了他，這就使我想，或許這個人還擁有一些聽眾，至少應該了解一下他的生平和思想。

那年九月我到了臺大，可以開始借書，我就把《東西文化及其哲學》借了出來，成為我在臺大所借的第一本書。雖然梁先生一生所作的事很多，尤其是他對中國農村改革的熱誠和實際貢獻。但是談到他對文化課題的意見，那當然是以這本書最具代表性。我必須指出梁漱溟在這本書出第三版時，已經表示書中對儒家的解釋不周；到了第八版時，也就是他演講本書之後六年左右，他又再度表示有思慮不周的地方，除了對孔子的心理學沒有深究，更自認整本書是在「射覆」。換句話說，他幾乎是等於否定了自己的說法。但是由於他在出了這麼多版的書中，對原文並沒有更動，因此產生影響的還是這本書的原文。或許可以這麼說，這應該是梁先生所不想要看到的事吧。十八世紀寫《羅馬帝國衰亡史》的吉朋在自傳裡說，他的書出版以後，「就有了它自己的生命了。」不外就是這種天下作者都有的感慨。

現在坊間印行的《東西文化及其哲學》都會收入三版序和八版序。如果讀這兩篇序，那麼豈非不要去讀這本書了？顯然地，原文才是真正影響近代中國人想法的文字，只是它已經和梁漱溟分開了。那麼它最主要觀點又是什麼？簡單地說，那就是中、西及印度的文明各有它們文化上或對生活態度上的不同：西方對於宇宙自然的態度是往前的，遇到對生活有阻擋或困難的時候，就要去克服它，解決它（「直覺運用理智」）。相對於西方，中國文明是改變自己的生活方式，去接受這些困難，使它成為我們認可的一部分（「理智運用直覺」）。至於印度文明，則是把這個生命裡已經認為不會存在的困難當作是不存在的，繼續自己照自己的生活方式活下去（「理智運用現量」〔梁先生說是一種感覺〕）。這是梁漱溟的這本書最簡要的說明。括弧中的話很難懂，梁先生在三版序也收回它們。

梁漱溟這本書，實際上是要用大家不太懂的佛學思想（他的佛學是所謂的〔新〕唯識論）和當時流行的西方學說（像「理智」、「直覺」、「意志力」等。當時的確有不少新說已經傳入中國；傳得對不對是另一個問題）來表示中國人有自己的文明或哲學，而由於東西哲學本來就不是可以相通的，因此中國人不必去強要調解或調和。中國文明當然以儒家為代表。在他看來，西方文明的特點已經利用盡了，現在重要的是如何處理人與人之間的問題，而儒家正好提供了合時的解答。

承續梁漱溟思想的人大概都是因為他主張中國的儒家哲學可以解救人類當前的

問題。後來中國重要的哲學家（或思想家）像熊十力（1885-1968）、牟宗三（1909-1995）、唐君毅（1905-1982），乃至於錢穆都接受這樣的立場，雖然他們的立論各有不同。但總括來說，他們共同之處就是要伸張中國文化的獨特性，至少也應該建立一個有別於西方的學術傳統。這樣的想法影響了中國人有多深，任何一個近三十年來在台灣受教育的人都不難看出來。但是這種保守主義在毛澤東時代的中國卻並不受歡迎。梁漱溟受很多人稱讚的真正原因，寧是他在中共的政治鬥爭中所展現的知識人風骨。他的確比馮友蘭（1895-1990）還有堅持，因此可以看作是傳統儒家士的「道成肉身」具體的代表。用現在流行的說法，他是一個典型的「公共知識分子（知識人）」。

一九八七年十月初，我有機會參加湯一介（1927-2014）教授主持的中國文化書院所主辦慶祝梁漱溟九十五歲誕辰紀年會。活動先在著名的香山飯店開研討會。接著有紀念大會。規模相當大。主席台上有費孝通、周谷城（1898-1996）、任繼愈（1916-2009）等人，另外有一位是梁漱溟在山東推動農業改革時代的學生，這人八十多歲，上台已扶扶撞撞，話也講得不清楚。相形之下，梁先生健朗多了。不幸，不到一年，梁先生就去世了。我當時曾與梁先生合照了一張相片。這張相片在我替復刊的《文星》

寫報導這個紀念會的文章登過。可惜原相片留在美國，來不及在這裡刊登。

會後我們幾位從香港來的學者（包括陳方正、趙令揚等人）應九三學社之邀在全聚德晚餐。九三學社由周培源（1902-1993）先生帶了幾位會員代表招待。這是我第一次到北京，算是見到了不少名人。第二天，我去探望名史學家陳智超先生。他問我來北京的原因，我告以來參加梁先生的紀念會。他用奇怪的眼光看我，問我說：「你也跟這些人來往？」這句話在我心中糾纏了很久很久。他和我畢竟是史學家。

——二〇一三年十月十日在竹北寓所

活出了 Decency：紀念李亦園老師

李亦園。圖片來源：李子寧

認識李亦園老師已經超過五十年了。一九九四年我因為心臟缺氧在台北住進馬偕醫院，他聽到消息，馬上打電話到我家去打聽我的消息。我母親因為不認識他，問他是誰。他竟然對家母說他是我的將近三十年的朋友。這就是李老師，他從來就是把我當作他的朋友。

李老師一直非常關心我，而我也因此與他保持比較密切的聯絡，甚至於比我與其他的老師更多。這是因為他就住在台灣。我每一次回台，都會與他見面。他不只關心我，也一樣疼我的太太，陳享。如果陳享與我一起回來，他就更一定要安排特別的地方請我們吃飯。我記得有一禮拜六的下午，他請我們去木柵的茶園吃飯，飯後又陪我們在鄉下散步談心。我一生交到的可以真正談心的朋友非常少，這是一個極令我痛心的遺憾，每當我想到這個缺點，我就特別感念李老師的珍貴友誼。

一九六四年，我初當李老師的學生。當時我完全不知道他是閩南人。事實上，幾十年下來，李老師保留了一份非常濃厚的閩南個性：閩粵人大多與廣東孔子陳白沙（陳獻章，1428-1500）一樣，是生活在更接近自然的樸實人，他們相信的是從宇宙中體驗出來的天理，以及從「順服」於天理而得到的安心。這樣的處世哲學是建基於簡單而誠實的人與人間的素樸關係（很像德儒滕尼斯〔Ferdinand Tönnies〕所說的「社群」〔Gemeinschaft〕）。它反映的其實是曾經在閩南住過好多年，而一生大部分時間也都在福建度過的朱熹的哲學，白沙所持守的天的哲學也是從理學中淬煉而來的生活態度。這樣的世界觀和普遍流行陽明心學的江浙世界觀（特如王陽明的思想）是有一間之隔的。後者可能對近世中國資本主義的萌芽有直接的貢獻，是一種我心即真理的創造性信念，接近都市形態的社會生活和想像（德儒滕尼斯所說的「社會」〔

Gesellschaft 〕）。我後來的學術經驗日益增長，也就一直在這兩種世界觀之間打滾，覺得他們在解釋中國歷史上其實有豐富的意義。不過在當年，李老師的閩南風格和為人對我這個台灣南部孩子說來，就顯得特別有感染力。我從來不覺得必須去猜測他的意思。所謂不言而喻、不感而通的意思正是如此。

李老師還有一個令我特別感佩的地方。我說他視學生如朋友，這是有特別的深意的。他絕對不期待他的學生會以「一日為師，一生為父」的態度來報答他。相反地，他是以有能力繼續保護他的學生為榮。當然，一般人會認為這樣的說法簡直像是在嘲諷天下當老師的。是的，天下的老師有誰不是以能保護自己學生為一己的職志的？不過這還得要看所謂「學生」的定義是什麼。說起來，我只是李老師的及門，勉強大概可以算得上是登堂，但是絕對不是他的入室弟子。即使如此，這幾十年來，他對我的照顧可以說是與對他自己的學生不分軒輊。我常常笑說美國的老師才真的是對學生照顧有加，明明知道學生（特別是外國學生）能報答他們的幾乎是零，只要學生們的學術還能反映老師所教導的，那就得心滿意足，因此對學生往往非常的照顧。這一點我相信體認到的人不會很多。中國人過去講究「天地君親師」，學生對老師要畢恭畢敬，這是西方沒有的。李老師雖然長年在台灣，但是他顯然認為只要對任何學生做出一點照顧，那麼自己就是一個好的老師，才能在精神上得到作為老師的滿足。我之所以感到他更像一個忠誠的朋友，其由來正是如此。對他來說，成功的老師就是能與他所教過的學生產生真誠的心靈交流，使得學術本身能得到一個客觀而合理的發展場域，在那裡相互激蕩，使它得到純真的澆灌，不斷地成長而茁壯。我既然算不上是李老師真正的學生，那麼他對我的呵護就是他把我當作是摯友的徹底表現。

每當有進一步發展的機會，他第一個就會想到我。清華人社院成立時，他就希望我可以回來幫忙。台灣與香港的大學交流，開拓中國社會科學近代化的研究，他就推薦我參加。喜馬拉雅基金會希望參與漢學的研究，向他徵詢請人來主持，他第一個想到的也是我。他看我從來不向蔣經國基金會申請研究經費，就自動提議我應該策劃一些研究的項目，提出申請。他也是第一個鼓動我應該申請其他好幾個重要的研究資格的人。這些好意在我看來，完全是因為他把我看作是一個夠資格的學者，用朋友的立場來鼓舞我的信心。如果這些思慮都是因為我是他的學生，那麼這豈不是反而貶低了純潔的師生關係，使得這些活動沾染了許多偏心和污濁的動機？

我必須坦白說：有兩件事我非常虧負他：一個是我對他替我作的許多建議，很多都沒有去做，或者作得不順遂，缺乏貫徹的決心。我想令他最失望的可能是我沒有能早早回到台灣來參與建設清華大學人社院的工作。但是老師不僅沒有因此對我表示不高興，更還是一有機會就邀請我來客座講學。這是我沒齒難忘的事。我在學術行政方面，一生沒有什麼貢獻，但是老師完全知道這是因為我的心一直放在研究上面，所以不僅一再原諒我對他交代的事缺乏專心，而且還繼續不忘鼓舞我做學問的努力。另一個對不起他的是我對他的學術完全沒有下過功夫，日後的研究方向也沒有能反映出他的學術特色。然而，他從來就接受我是他的亦師亦友的事實，並且認為這才是讓學生成長的正途。想起老師不見外的豁達，真的是令我感恩不已。自從聽到老師去世的消息以後，我有幾次中夜夢迴，想到李老師對我的種種期待，竟就翻轉反覆，再難成寢。

李老師在學術行政上面對國家社會做出的貢獻，這些都在他的口述自傳上面可以看到，根本不必由我置喙，我所記得的是他如何在平凡的交往中活出一個能以師友的身份來與我相處的「decency」。我多麼希望有一天我還能與他再見，親炙他友情的溫暖。但是如果這一切都不可能，我極想這麼說：老師，你活出了對我這個學生最真誠的「decency」。我感謝你。

——二〇一七年五月中於波羅的海旅途中含淚寫就

漫談李約瑟

一九六四年我考上臺大。註冊之後，我開始去拜訪一些老師。記得當時看的有余又蓀（1907-1965）、方豪、夏德儀、楊雲萍（1906-2000）等人。我有一個朋友讀電機系，但是卻與姚從吾教授相識。因此他就也帶我也去看他。

當時談了些甚麼，我大多已經忘了，只記得兩件事：第一個是他問我讀完《資治通鑑》沒有。說起來慚愧，我就是到今天也沒有從頭到尾一個字、一個字、讀完它。至於當時那就更不用說了。另外一個話題是李約瑟（Joseph Needham, 1900-1995）所寫的《中國科學與文明》。姚先生指著他客廳架上四冊台灣翻印的這部名著對我說，西方人開闢的這個中國科學史新課題，研究非常深入，令人欽佩云云。這是我第一次聽到李約瑟的名字。

李約瑟是中國科學史研究的開山祖師。他之前西方人寫中國科學史上的零星課題的固然有，例如古代中國的天文知識等等，但是李約瑟無疑是最有系統的先鋒。他本人是生物學者，在劍橋大學早已經成名，擔任教授（Reader）。但是他中年以後竟然發憤研究中國科學史，主要是因為在第二次中日戰爭時應邀來中國考察科學教育。他利用這個機會順便勘查傳統中國的科技。他發現中國有非常悠久而獨立於西方的科技傳統，於是他就決心有系統地研究中國科學史。由於他對西方科學發展的歷史瞭如指掌，所以他常常能看到別人看不到的東西，做出嶄新的解釋，開闢研究的新途徑。於是他就這樣地隻手建立了中國科學史的領域。

記述他的成就、科學思想、及私人生活的已經很多。下面我只寫一些我個人與他交往的回憶。說起來也是命運捉弄人，因為我在美國讀書的指導教授是領頭反對李約瑟的名漢學家芮沃壽，所以我早期對李約瑟不免也有一定的看法，認為他不是正統的中國研究學者。芮老師認為了解中國一定要承續傳統漢學家的研究途徑，接受他們的研究方法與成果。李約瑟半路出家，帶著西歐科學史的眼光，往往產生偏頗的認識，不足為訓。換句話說，大部分當時的漢學家都認為中國的歷史經驗有它自己的基礎和關心的根本課題，用西方的經驗來與中國相比是不對的。

李約瑟認為中西文明都有共同的關心，科學的研究和發展只有先後的差異，沒有根本的不同。用一句比較學術性的話來說，那就是人類只有一個共同的歷史，大家都會經歷相同的途徑。李約瑟這樣的態度反映了維多利亞時代的進步史觀，但是在二十世紀，人類經歷了兩次大戰，這種樂觀已經漸漸被拋棄。但是李約瑟堅信科學是人類文化的中心價值，東西社會都一樣。

我的老師雖然對李約瑟的科學史觀有所批判，但是對於他所做的各樣研究以及蒐羅的許多資料還是採取肯定的態度。所以他在死前不久去劍橋大學時，還是去看了李約瑟，並且答應繼續替他的研究計畫及出版籌錢。李約瑟的《中國文明科學史》由劍橋大學出版。它的編輯排印非常複雜：不只使用的文字多達十數種，裡頭還經常使用各樣的科學符號及公式，更常

作者取得博士學位時（1975）與業師芮沃壽合照。

常要複製相片圖表，需用的人力及經費難以想像。我的老師答應幫忙籌錢，這是非常令人佩服的學者風範。

但是李約瑟對於芮先生的批評一直不能釋懷。一九七八年他到香港中文大學主持錢賓四講座，結果還是在出版的序中寫下了這些話：「有的人雖然是好朋友，但是因為研究佛教，態度消極，對人類的科學文明感到悲觀。」（大略如此。）這當然是指我的老師，因為芮沃壽早年成名的著作是《中國歷史中的佛教》。我的老師當時已經過世，所以無由作答。不巧那一年我正好休假，在史坦福大學作研究，所以並沒有當面見到李約瑟，也無法與他商榷這些事。

再過幾年他又來香港。香港的無線電視（ＴＶＢ）邀請他接受訪問。並請了香港大學的何丙郁（1926-2014）教授出席與談。何先生很好意說他與李約瑟對談已經很多次（何先生曾經長年與李約瑟合作），所以推薦了我去與李先生上電視。這下我終於有機會見到李約瑟本人，並與他一起上電視。他告訴我說當年來中大時，發現有一個芮沃壽的學生，原來就是我。不過他還是堅持自己對科學發展的樂觀態度。主播倒是問了他一個比較尖銳的問題，就是他是不是還持「粉紅色」（pink）的思想。他當時顯得很不愉快。所謂「粉紅色」就是指共產黨的同情者。在一九五〇年代，西方很多知識分子對西方基督教文明感到失望，對共產主義產生幻想。羅素（Bertrand Russell, 1872-1970）是一個有名的例子。李約瑟也是如此。他們都曾被美國移民局列為不許訪問美國的人物。所以主播會問他這個問題。我在訪談之後跟他說我知道他其實是與德日進的思想接近。認同「上帝的愛能（love energy）」的想法。對世界的終結是愛能的完成有所憧憬。這下他才釋懷。我會這樣對他說，實際上也是因為我知道他晚年對德日進非常喜歡。因此才藉機這麼提起來。

一九八一年下旬我突然接到奧地利薩爾茲堡（Salzburg）大學的來信，邀請我去發表論文。那一年我才三十六歲，竟然會收到這樣的邀請，自然感到非常意外。我還擔心是甚麼詐騙勾當，因此把邀請函放了一個多月沒有回答。後來好友李金銓教授建議我去問清楚：如果是規矩的單位發出來的，那麼接受它何樂而不為？我想了也對，因此就回信去詢問詳情，結果發現他們不僅邀請了我，也邀請了兩位東京大學的知名教授。我當然就接受了。我寫了一篇有關宋代兒童觀的論文。這是英語世界有關中國傳統兒童觀的第一篇論文，內心十分驕傲。我對於他們為甚麼會邀請我感到很好奇，一問之下，竟然是出自李約瑟的推薦！薩爾茲堡大學本來是想邀請李約瑟本人，但是他卻推薦了我，這是何等的光榮！後來我寫了一封信向他道謝。現在這封信已經整理編號，收在劍橋大學中國科學史研究所的檔案裡。

於是在一九八二年的六月，我第一次到了歐洲。在山明水秀的薩爾茲堡大學發表論文，開展了我人生另一個新的旅程。

我個人研讀李約瑟的東西，從火炮到鑄鐵、到中軸舵、到羅盤、到朱載堉、到長生學（macrobiotics），不一而足，受到很多啟示，每每被他淵博的學問所折服。有一次我查有關漢代人桓譚的事，在英文的維基百科全書看到說桓譚是人類史上第一個提到壓穀機（trip hammer，桓譚稱之為「碓」）的人。這個說法就是根據李約瑟的研究。它是歷代中國注家所不能做到的事。我不敢說李約瑟一定對，但是它令人興奮則是一個不爭的事實！

其他還有很多有關他的思想很值得談，就留待將來吧！

——二〇一八年四月十六日於紐約華萍澤瀑布

李約瑟教授。李氏雖然是科學家，但還是持守聖公會信仰。他認為莫爾（Thomas More）最足以稱為中國人所謂的「君子」。
圖片來源：wiki by Kognos

再談李約瑟

我在談李約瑟的文章中，說他對歷史研究的基本假設是認為人類只有一個共同的歷史，我想這樣的說法可能有人不能完全了解，所以我現在簡單說明一下：在李約瑟的看法裡，既然西方歷經了科學革命，那麼人類其他各文明的發展應該會經歷一個一樣的過程；他們也會有科學革命，只是先後不同而已。先不談中國，日本歷史也應該有科學革命的階段。然而，日本沒有科學革命，這是因為日本在發達到能科學革命之前，已經從西方引進了近代科學。所以日本人從來不問為什麼日本沒有科學革命，如果問了，那麼盡可以說這是中國的問題，因為反正日本在近代化以前，大多是傳習中國的思想，所以中國如果沒有，那麼日本當然也沒有。

這就是說，李約瑟認為中國文明應該也會經歷科學革命，特別由於中國很早就發現了非常多的科學技術，因此沒有理由不比西方先達到科學革命的階段。於是他說他想要透過對中國科學文明的研究來回答這個問題。這個問題從此被稱為是「李約瑟問題」，中國學者特別喜歡談它。我以前的同事陳方正就寫了一本有關它的書，題為《繼承與叛逆——現代科學為何出現於西方》，還得到中國國家圖書館的文津獎。

關於「李約瑟問題」，我不夠資格來談它，但是最重要的是這個問題背後的「世界觀」：就是人類只有一種歷史這個假定。這樣的假定正確嗎？讓我引用愛因斯坦的話來說：「中國沒有發展出近代科學，這個並不奇怪，如果有，那才是怪事。」愛因斯坦這麼說，因為他認為中國人關心的是要建設一個好的社會，而不是發展科學，因此沒有科學是很合理的事。這樣的說法的確也很有道理，所以我的老師芮沃壽借用它來批判李約瑟對科學的假定。

這兩個對科學發展史的觀點當然會左右研究方法、方向以及解釋上的各種差異。我現在舉一個簡單的例子來說明：李約瑟開始研讀的中國古典是《管子》。當然，他跟一般人一樣，應該是逐字讀它，並參考歷來註家的解釋。由於《管子》不是重要的經典，所以並沒有很多的研究，作細心考證並加以註釋的也是到了清末才比較多，所以可以想見李約瑟讀的應該是傳承了將近兩千年的說法。但是有趣的是，這樣的一本書到了他的手中，卻馬上出現出很多有趣的問題。最重要的就是「感應」思想。對他來說，「感應」的理論（他用的是「sympathetic」這個字），在西方近代科學受到注意是二十世紀的事，雖然亞里斯多德早已經注意到海膽（以及蠔、蚌等軟体海洋生物）的生殖周期會受月亮盈虧的影響。與《管子》成書約略相同的《呂氏春秋》更明白地說：「月望則蚌蛤實，群陰盈；月晦則蚌蛤虛，群陰虧。」李約瑟會注意到東西哲學家相同之處，這是他過人的地方。

當然，李約瑟這樣的讀法，未必一定正確，但是重要的是它反映了他對科學的基本認識：這就是人類對自然的觀察和了解應該是普世一致的。對於一個嚴謹的科學家來說，這種一致性正是比較科學研究的基礎，而且也是可靠的知識的特性：放之四海而皆準。然而，一般的漢學家卻不作如是想。他們不僅不會想到（知道）亞里斯多德的記載，就是想到，也往往會排斥把兩者當作是一樣的想法。他們因此大概都不會提到亞里斯多德。這就是李約瑟與一般傳統漢學家在研究方法上的重要差別。

再舉一個例子。李約瑟是二十世紀生物化學的巨擘，他認為十五世紀以前的煉金術過分重視化學，而輕視生物學。他認為中國也有所謂的「前化學」，與西方的煉金術相似，因為西方的煉金術是近代化學的前身。但是他認為中國的「前化學」是建基於提煉丹葯，與中國人追求長生不死的努力有關，而不像西方的煉金術，目的就是要把各樣金屬變化成「金」。他說中國人煉丹，是朝向製造長生不老之葯，但畢竟也應該看作是「化學」。西方的煉金術的特色到了文藝復興時，受到了帕拉塞蘇斯（Paracelsus, 1493-1541）挑戰。帕拉塞蘇斯認為化學的目的應該不是如何製造黃金，而是在發現可以醫治病人的化學葯物。他因此被稱為醫療化學之父，對近代的「生物化學」的理論基礎作出重要的貢獻。李約瑟認為帕拉塞蘇斯的想法一定有中國傳統煉丹思想（及方法）的影響。

中國人追求長生藥物（所謂的提煉丹葯）可以算是近代生物化學的先驅嗎？我想就是中國的科學家恐怕也會覺得必須存疑。不過在相信人類的共同人性，認為所有的科學研究都建築在相同的理性方法，朝向進步和一致的目標等信念之下，李約瑟自然會覺得「本草」當然可以視同西方的「materia medica」（藥物學），而中國的「天文」也自然就是「astronomy」。嚴謹的漢學家則往往寧可把它們翻譯為「herb（and）roots」、「learning of heavens」！這就是兩種認知上的差異所造成的影響。當然把陳規

（南宋人）在《守城錄》中提到的「火箭」當作是現代的「rocket」，那就會貽笑大方了，李約瑟便承認差一點患了這個錯誤。

在二十世紀的後半，大部分的漢學家都主張中國文化的獨特性，否定中西文化可以比較。劍橋大學已故的漢學家杜希德（Denis C. Twitchett, 1925-2006）甚至於對我說李約瑟的書是「一堆垃圾」。我在一九七八年在《中國時報》寫的一篇文章曾經提到這件事（當時編者替我安了一個「中國史學家，站起來！」的莫名其妙的題目）。可見嚴謹的漢學家對李約瑟的評價。但是另一方面，一般不是研究中國學問的，當然非得借用李約瑟的作品不可，尤其是一般的科學家。

近二十多年來，由於世界史的研究逐漸興起，許多學者轉而喜歡比較中西歷史，因此人類各文明發展的一致性漸漸受到注意。彭慕蘭（Kenneth Pomeranz）教授就強調比較近代中西文明的重要性。他是以中國史起家的學者。顯然的，他認為人類的歷史非常相近，完全可以比較。他的《大分流》一書的第一部分就題為「〔充滿〕令人驚訝的相似性的世界」（A World of Surprising Resemblances）。彭慕蘭研究的是經濟史，影響非常深遠，曾經出任過美國歷史學會的會長，現在是芝加哥大學的「大學教授」。我相信他一定也會贊成說科學史也可以作比較。強調中國文化的獨特性的觀點逐漸被強調人類文明的共同歷程的看法所取代。

上面說到李約瑟是生物化學的教授。他早在一九三〇年代就已經出版有關於生化的教科書，廣為世界各地的醫學院使用，而他自己也被選為英國皇家科學院的院士。一九八〇年的夏天，我突然接到何丙郁的電話，他告訴我說，有一位耶魯大學醫學院的教授名叫司馬威（William C. Summers）來香港，何先生吩咐我到旅館去接他，帶他去香港大學與何先生見面。之前，我並不認識這位先生。原來他是分子生物醫學的教授。那一天天氣非常悶熱，而我那部舊車又偏偏冷氣壞掉。我一路向他道歉。但是他並不為意，似乎很興奮就要看到何先生。他告訴我說，由於中國開放，所以他不免就對中國感到興趣，尤其是中國的科學。他問專家，人人都對他說，研究中國科學，那當然就應該從李約瑟的著作讀起。他說，他覺得

何丙郁。

李約瑟的名字很熟，原來就是他在一九六〇年代讀醫學院，使用的胚胎學及生物化學教科書的著者。他怎麼也想不到這個李約瑟就是日後寫了那麼多本有關中國科學史著作的人。司馬威從此發憤也研究中國文化及科學史，日後經常在耶魯教授有關中國科學史的課。我的好朋友道本周（Joseph Dauben）也一樣。他本來已經是一個成名的數學史專家，但是後來也對中國科學產生興趣，現在已經被選為中國科學院的自然史研究所的榮譽會員。

一般的科學家果然是比較能接受李約瑟的觀點，雖然他們也比較容易患上誤解中國文本材料和思想的毛病。

輯七：雜談

陷阱，這麼多陷阱

這兩三年來，在華文世界裡，突然出現了兩個相當「夯」的名詞：「修昔底德的陷阱」和「塔西佗的陷阱」。很有趣的是這兩個詞竟然都發源於中國。讀者只要一看也知道「塔西佗」和「修昔底德」原來都是西方的名詞。為什麼在一個英文並不普及的中國（大陸），竟然會出現這樣的名詞？這不免令人覺得很奇怪。

在中國，大約是黨政高層提倡的觀念或價值才容易普及，例如「槍桿兒出政權」、「三個凡是」、「中國夢」等等。我略略查了一下谷歌，果然發現這兩個名詞都曾經有高層引用，受到加持。怪不得因此就廣汎流傳開了。

讓我先從「修昔底德的陷阱」說起。修昔底德是古希臘著名的歷史家，他和比他略早，被稱為西方「歷史之父」的希羅多德（Herodotus, c. 484-425BC）齊名，著有《伯羅奔尼撒戰爭》（*The Peloponnesian War*），仔細記錄公元前第五世紀到第四世紀之間的雅典與斯巴達之間的戰役，是典型的政治、戰爭史。修昔底德這本書大概在上世紀的八〇年代翻譯成為中文，由北京的商務印書館出版。

「修昔底德的陷阱」大概出現在二〇〇〇年左右。簡單地說，就是歷史上兩強對遇，那麼就難免會發生戰爭。但是最近因為習近平曾經至少提過它兩次（一次是在二〇一五年九月訪問美國時），因此它就流行起來，連馬英九也竟然學著用起來了。

在《伯羅奔尼撒戰爭》一書中，修昔底德開宗明義這樣說：

我認為最真正而卻不常公開講的原因乃是雅典力量的崛起，以及斯巴達因此而產生的驚懼。這使得戰爭變成不可避免。（第一書第一章二十三節）

這句話其實不算是深奧的大道理。中國人不也常常說：「一山容不了二虎」？其含義其實很相近。從歷史長遠的觀點看來，當然這是解釋衝突或戰爭最容易的方法。我想讀者們大概也都同意修昔底德的說法淺白而且合理。所以有理性的人就會呼籲要避免修昔底德的陷阱。事實上，習近平在提到它時，也是希望提醒人們不要困在修昔底德的陷阱裡。他選擇這麼講，當然是對美國人說的，因為崛起中的中國不希望讓美國感到威脅（事實上，大概從二〇〇五年開始，美國已經覺得中國的崛起是對美國的威脅了）。

大概就是在上世紀末年，哈佛大學很有名的國際關係專家奈伊（Joseph Nye）第一次用修昔底德的陷阱來討論美中關係所可能產生的衝突，並說這種可能的衝突、甚或戰爭並非不可避免。換言之，奈伊認為修昔底德的陷阱不一定是不可避免的。

隨後，在中國或西方都偶爾會看到有人提「修昔底德的陷阱」，大概都是討論中美關係。同時，哈佛大學的另一位名教授，艾理蓀（Graham Allison）也開始一個稱為「修昔底德陷阱計劃」，專門研究過去五百年間十五場戰爭的發生是不是應證「修昔底德的陷阱」。他的結論簡單說就是，在二十世紀以前，每一個戰爭都證明了修昔底德的說法是對的，但是十九世紀末以來就有四次強權相互威脅，卻沒有發生戰爭。他的結論因此是：並非所有的強權對立都會陷入「修昔底德的陷阱」。

這些都是學者之言，當然，現在中國那麼多學生在美國讀書，「修昔底德陷阱」的話一定會傳回中國。就是新加坡大學東亞研究中心的所長鄭永年也多次用它來討論美國與中國的緊張關係。

這些學者們都認為「修昔底德的陷阱」並非一定不可避免，用我有一次接受CNN電視訪問時的話來說，就是相信雙方都會有智慧來解決這麼複雜的仇恨和現實。我當時是指台海兩岸的關係而言的。現在美國最有影響力的國際政治學者和中國的習總書記也都是這麼希望。我深切期待大家應該會找到方法來避免「修昔底德的陷阱」。不過，這裡倒是該說一句：從胡錦濤到習近平，他們都以為中國近三十年來的發展，已經使中國與美國可以並駕齊驅，於是開始有「和平崛起」（後來改為不知所云的「和平發展」），「太平洋這麼大，應該容得下兩個大國」等奇怪的言論。難怪奈伊不客氣地說，中國的整體國力還無法構成對美國真正的威脅。

不過我認為艾理蓀的一個說法才反映了歷史發展的現實。他指出二十世紀以來，人類進入核子戰爭的時代，強國莫不具有核彈，稍一不慎，可能將整個人類都毀滅。因此在考慮戰爭的戰略和可能的結果時，不能不將這一點納入思考。這是為什麼一九四五年以後到現在，美蘇、德法或日蘇都沒有再發生戰爭。當年，美國進逼日本，即將展開決戰。杜魯門在考量要不要投擲原子彈時，曾經邀請許多專家來提供意見。其中包括二十世紀美國最偉大的神學家：尼布爾。可見杜魯門需要知識人從各方面來參與制定政策。不幸當時的考慮只是建基於如何避免死太多的美國軍隊；他們還沒有能看到原子彈的巨大破壞、乃至於毀滅性的威力。

現在核彈的威力已經遠遠超過當年的原子彈，作為一國的領袖已經不能只站在自己國家的立場來思考戰爭的問題。他們對於全人類文明的存亡及命運都負有一樣的深刻及沉重的責任，因此不能不從人類整體的存活來做嚴肅的思考。

以上說的是「修昔底德的陷阱」。有趣的是提它的多是政治家。然而，政治學家一般對於過去和現在之間因為物質條件的發達所造成的各種變動不太重視。事實上，從一五〇〇年以來，人類經過了不少的變革——科學與工業革命，資本

修昔底德銅像。

主義興起，地理大發現等等——人類的世界觀、價值觀及對生命的態度跟著也發生了巨大的改變。對學歷史的人而言之，這些改變才足以說明戰爭的原因；常識性的個人經驗或讀書心得，難以說明歷史事件的因果。每一個歷史事件都是獨一無二的，不可能用一以貫之的大道理來說明。

另一方面，也是在這幾年中，中國大陸及香港都流行起「塔西佗的陷阱」的說法。在這之前，似乎沒有任何人提到過它。而翻查谷歌，也可以看出大部分都是在中文的報刊雜志出現的。時間大概是在二〇一〇年前後，以後新華社（二〇一二年九月）和習近平（二〇一四年八月）都曾用過它。所以它就被廣汎引用了。事實上，從去年起，連香港的特首梁振英也應用它來自我辯護。

那麼，什麼是塔西佗的陷阱呢？按照一般的說法，它是：「當政府缺乏公信力時，無論你做好事、做壞事，無論說真話、說假話，大家都不信。」據說這是從塔西佗的書裡出來的。習近平或梁振英引述這句話無非是要官員們不要失去人民的信任。《論語》說：「民無信不立」，不外就是這個意思。

塔西佗是羅馬帝國的歷史家，活在第一與第二世紀之間。他對帝國早期的歷史提供了很多寶貴的資料，也是最早提到基督徒的存在與威脅的非基督徒史家。因為他寫了幾本重要的史著，所以要查出這個話是不是他說的，有點困難。不過，以他對歷史著作的態度看來，這樣的話很可能是他講的。他對帝國的專制和腐敗十分感慨，書中充滿對世風墮落的嘆息。

然而，他究竟在哪裡講了上面所引的話？大陸的學者似乎也不甚了了。有人引了他講過的「最偉大的事件往往因為人們相信一些來歷不明的異端邪說，或因為有人故意歪曲事實，而後代人又選擇相信後者，而變成隱晦，竟不為人所記得。」（出自他的《年代記》卷三第 19 節），認為應該是本於這句話。不過我看恐怕也不正確。現在大家都流行說：「信者恆信，不信者恒不信。」用之於現代民主政府，那麼所謂的「塔西佗的陷阱」恐怕就不見得正確了。

對於「陷阱」。中國人好像特別敏感。這或許與傳統中國文化中一元色彩有關。簡單說就是與中國文化中「非此則彼」、「黑白分明」的思維方式有關，這裡無法詳加討論，而只想指出：認為逃避兩難（dilemma）就是不陷入「兩難的陷阱」。這是一種以「零和」（zero-sum）為基礎的思想方法。但是我倒認為應該思考是：所有的兩難都必須是陷阱嗎？現在華人對過去西方人不覺得是陷阱的論題卻產生了這麼多的興趣，這當然可以看作是對西方思想的補充和發明，而另一方面，或許也可以看作是幫助華人避開「零和思維」的契機。

塔西佗對羅馬衰落的描述

在〈陷阱，這麼多陷阱〉中，我提到了羅馬史家塔西佗（Tacitus, c. 55-117），並簡單介紹他的歷史作品。

最近有報導準總統蔡英文女士正在讀幾本當代有名的關於治理國家的著作，我心裡很高興，凡是願意勤於讀書的領袖，大概都會重視不斷地從書中去找尋靈感，應證自己的經驗，以開拓新局。

總統非常忙碌，當然能讀書的時間非常難得。光是當代談治國的書就已經是汗牛充棟，就是請最專精的學者來開一個最基本的書單恐怕也不是在忙碌四年之中所節餘的時間所能讀完，更不用說理解、思考，和消化了。

事實上，蔡準總統似乎集中於政治和經濟方面的當代著作。這是理所當然，一方面是因為蔡準總統是法律出身，所以很自然地會認為社會科學的著作最有相關性；另一方面也是因為社會科學的著作的確多是針對當代社會、政治或經濟的問題做研究，因此顯得特別具體、直接而明瞭。

我絕對不否定社會科學著作的重要性，而且擔任一個國家領袖，她的時間非常有限，這些作品自然可以幫忙應付眼前的重要問題，提出中肯而有相當依據的處理方案。然而，我總覺得如果光是閱讀社會科學的著作，似乎還缺乏什麼。事實上，最近也流行一份書單（二〇一六年全國高中生人文經典閱讀會考；共十本），說是一般高中學生所應該閱讀的。我略看了一下這十本書，除了摩爾（Thomas More, 1478-1535）的《烏托邦》之外，都是二十世紀的社會科學著作，從韋伯到佛洛伊德（Sigmund Freud, 1856-1939）不等。我便覺得它缺乏了歷史的深度。尤其這分書單竟然沒有一本東方的作品，這豈不是太偏頗了嗎？

當然，列出一份領導人應該閱讀的書單，那是非常困難的。從馬基維利的《君王論》到盧梭（Rousseau, 1712-1778）的《民約論》（社會契約論），從洛克的《政府論下篇》到托克維爾（Tocqueville, 1805-1859）的《論美國的民主》，從《貞觀政要》到《資治通鑑》，到王夫之的《讀通鑑論》及《宋論》……，隨便一寫也會有幾十本，總統放下一切的工作，專門演讀它們，恐怕四年也不見得可以讀完。

但是無論如何，我總覺得蔡準總統的書單還可以增加一兩本真正的歷史經典，使它更富有時間的深度，來感受歷史變遷的不可捉摸感。對古希臘羅馬歷史的探討，作品非常多，一般人會馬上想到吉朋的《羅馬帝國衰亡史》，但其他林林總總，不可枚舉（還可以包括當皇帝當得十分無奈的奧里略〔Aurelius, 121-180〕所寫的《沉思錄》〔Meditations〕）。我這裡就我多年來教授西洋史學史的經驗，提出最令我感動的一本羅馬史家的書，來補充總統的書目：

塔西佗的《編年史》（*Annals*）。

塔西佗是我們今天所知道的早期羅馬帝國政治史最重要的記錄者。他著有《歷史集》（*Histories*），《編年史》等書。這兩本書從奧古斯都（Caesar Augustus, 63-14 BC）去世以後寫起，歷提貝留斯（Tiberius,

塔西陀雕像。

14-37 在位）、卡里古拉（Caligula, 37-41 在位）、克勞丟斯（Claudius, 41-54 在位）、尼祿（Nero, 54-68 在位），以及尼祿死後三、四年間的紛爭為止。一般歷史學家認為這一段時間正是羅馬的「盛世」（*Pax Romana*）。然而，就在羅馬境內大致太平，人民還算安居樂業的日子，塔西佗卻認為當時政府和貴族道德敗壞，縱欲荒誕，墮落淪亡，完全不知亡國的日子就將來臨。在著作中描繪他所親歷的情景。

這裡就不詳細介紹這一段的歷史，而且塔西佗的書，很多現在已經逸失，因此介紹它的內容并不重要。我只想把他對大時代的慨嘆，和他從倫理、道德的眼光裡所看到的敗象，來簡單說明為什麼我會對他的書（特別是《編年史》）感到特別引人，深深覺得它會發人深省的原因。

首先，塔西佗對於人性或人的心理特別感到興趣，他開宗明義說：「我希望能公正而不偏頗地描述（那些歷史人物）的內心動機」。正如後世人說的，「權力使人腐化，絕對的權力使人絕對的腐化」，他以一個元老院議員的身份所親眼看見羅馬政府權貴的腐敗和墮落，使他對權力如何影響一個擁有它的人，深深感到着迷和困惑。不是他希望能擁有更大的權力，而是他對人性的貪孌感到迷惘：

如今羅馬經歷了一場革命，變成只有一位君王在統治，這就有道理仔細注意並且寫下這一段日子的事跡，因為具有分辨善惡的眼光，或知道何為好、何為壞的人畢竟是少數，其他的人只能從別人的經歷去領取教訓。再說，雖然這樣的研究具有教育性，它畢竟不是愉快的記錄。

尼祿下令在梵蒂岡谷圍了一塊土地飼養馬匹，不讓人們公開看見。不久他果然弄得好多羅馬人在他旁邊，歌頌讚美他；這就像群眾必然會趨炎附勢一樣；只要有那個國君給他們機會暢快作樂，他們就一定趨之若狂。然而，尼祿的醜事張揚了出來，卻令人越發瞭解他不僅恬不知恥，反而變本加厲而已。……真的，拿錢財來驅使這些人作孽，或不善用那財富來阻擋這些人自趨下流的那個人才真是應該遺臭萬年！誰拿了龐大的禮物去收買羅馬的貴族，讓他們在舞台上獻醜，那麼這一個付錢下令的人真應該加以唾棄。

以上兩段都是尼祿皇帝的時代。我們今天對於暴政的瞭解，多認為是集權、控制、和脅迫，但是在塔西佗的眼光中，那位「發了錢讓大家去取樂」的君王才更是令人髮指。他們總是利用人們貪圖小利的人性，來加以操縱，讓他們陷於不義，無法自拔。

下面讓我再抄錄一些他其他的名言：（粗體為作者所加）

人類最早的時候，心思純潔，毫無邪念，不需羞恥之心，也因此沒有犯罪，也不受任何的拘束；人們追求的無非是道德，因此他們也不用懼怕任何東西。**但是到了他們開始放棄平等，讓野心和暴力奴役人類的自制及謙虛，專制就開始興起，而且變成了許多國家的常態。**有些國家從一開始就制定法律，有的國家則是在對統治君王失望之後，才走上制定法律的路途。羅穆盧斯（Romulus）按照自己的好惡統治羅馬，後來努瑪（Numa）用宗教和依天命而立的法規把人民聯合起來……涂留斯（Tullius）是我們的刑卿，所立的法就是國王也得遵守。……

十二版法條可以說是制定真正平等法律的最後一個例子，因為其後所看到的法規往往只是在恫嚇可能犯法的壞人，而且依靠嚴法峻刑來處理社會上不平等的爭執，……到了後來，政府或刑卿往往立下各樣自我矛盾的法條。……**政府最腐敗的時候，法律也最繁瑣。**

有才能的人被整肅了，權威也因此確立。

對絕對權力的奢望遠超過一切其他的欲念。

一個令人震驚的罪往往是一小撮人的籌謀，卻因一些其他的人的贊同，以及大多數人的沉默，遂得以造成。

恐懼本身不習慣於講真話。如果你要完全的真誠，那麼你就必須給（人）完全的自由。

由於本文不是要記述塔西佗的生平及著述，因此我就寫到這裡。我希望讀者會願意找他的書來讀。對於東方人或中國人來說，他的史觀非常接近一般所說的「道德史觀」，因此讀他的書應該特別感受到心中的共鳴。他的道德感不是廉價的「褒貶」，而是要通過美好的文字和仔細的敘述來襯托出圖謀算計和不能抑制的自私欲念如何在政治生活中活生生地表露出來。

無怪乎起草美國獨立宣言的傑佛遜（Thomas Jefferson, 1743-1826）這樣說：

> 塔西佗的書是歷史與道德感的結合，世上沒有其他的書可以相比。

可敬的對手

最近在翻查谷歌時，突然看到一篇用英文寫的「博客」，題為「The United States—a great and respectable adversary and friend」，說美國是一個偉大而值得尊敬的對手兼朋友。這篇文章本來沒有什麼特別的地方，但是有趣的是他用了「尊敬的對手」這個觀念。我認為這個觀念雖然很平常，卻不是中國思想史上有過深入討論及處理的命題。而在一般歷史作品中，我們也很少看到嚴謹稱讚對手的記載，更很少有人將心比心，認為敵人的表現與自己所懷抱的行為準則相同，而且付出了相等的決心與勇氣，因此是可敬的對手。

事實上，在中國傳統思想裡，因為敵人的道德高度值得欽佩，因此即使不能因此被原諒或寬恕，至少應該在歷史裡，得到稱譽，承認他表現出人性的光輝，應該在記憶的殿堂裡，給予尊崇的地位。中國思想家一般不會這樣思考這個問題。從定義上來說，那麼既然是對手或敵人，他就當然是道德無足稱道的人，或者是勇氣不如你。總之，既然因為道德或勇氣（記得，勇〔氣〕是三達德之一），而成為你的敵人。這樣的人當然沒有被尊敬、稱讚的可能。

我在谷歌碰巧也看到了有人在網路上問〈抗戰時期有哪些令人敬佩的日軍將領？〉我覺得很有趣，居然會在中國的社交網路上面看到對這樣問題的討論。一共有十五個人提出了他們的看法。毫不意外地，差不多全部的答案都是負面的：「即使拋去民族感情，中國戰場上日軍確實也沒什麼優秀的將領……」，「舊日本軍的將領大多是一些被洗腦的白痴」，「對於敵人的將領，我都是不可能敬佩的」，或「侵略在道德上本就是不值得讚賞的。選擇了侵略，就基本和道德相悖了」等等。換言之，對中國人而言，抗戰時日本的軍人或將領沒有一個是「可敬的對手」。

我認為在中國的戰爭倫理裡面，並不存在佩服敵人的空間，根本不容許有超越「你死我活」之外的所謂「實定法」（positive law）。也就是說，戰爭必然是「零和」（zero sum）的活動，沒有必要定下打仗的規矩，也沒有法則可循。如果在戰爭中展現憐憫，不過分奴役或殺害俘虜，維護所謂的「運動家的精神」（sportsmanship），那麼這是人性使然，屬於自然法的範疇，談不上人定的規範。像宋襄公便是一個例子，結果被他的異母兄子魚笑說「不知戰」。毛澤東更說宋襄公表現的是「蠢豬式的仁義」。在中國，教戰守則之類的東西當然有（《孫子兵法》基本上就是一種教戰守則），但是規範戰爭的行為或手段的法律一向就付之闕如。

在缺乏戰爭的道德規範之下，客觀衡量戰爭的行為當然不可能。如果不能衡量，那就談不上判斷敵人的行為是不是合乎在道德或至少法律。同時也就不會有「可敬的敵人」的可能了。

在西方和印度，情形就不一樣。先從印度談起。在有名的《大戰之歌》（*Mahābhārata*；中譯為《摩訶婆羅多》）裡，我們就看到了一些規範戰爭行為的討論：例如馬兵不得攻打戰車，或如果敵人沒有殺你的意思，你就不應該無故發怒而攻打他等等。書中更主張戰爭雙方在打仗之前，先立下打仗的戰爭法。

《希伯來聖經》（就是一般說的《舊約聖經》）也有規範戰爭行為的記錄：

你臨近一座城，要攻打的時候，先要對城〔裡的人〕宣告和睦的話。他們若以和睦的話回答你，給你開了城，城裡所有的人都要給你效勞，服事你。若不肯與你和好，反要與你打仗，你就要圍困那城。耶和華你的神把城交付你手，你就要用刀殺盡這城的男丁。惟有婦女，孩子，牲畜，和城內一切的財物，你可以取為自己的掠物。（〈申命記〉20：13）

《希伯來聖經》的原則顯然相對殘忍，但是這個法則究竟是三千多年前的作法。從這麼早的時候，希伯來人就知道：對敵人戰爭，也是要有一些規範來遵循的。事實上，中古基督教承續希伯來人的思維，從奧古斯丁開始，就提出了「義戰」（just war）的觀念，希望「正義之師」會合乎上帝的旨意（古希臘比較不重視戰爭中的道德考量，但是把維護神廟及祭祀作為戰爭原因及規範的中心要素）。

近代的文明社會更有許多關於戰爭的法則，這是任何一個學法律的人都知道，耳熟能詳的知識，不用我在這裡多說。顯然的，有了規範戰爭的法則，并且形諸文字，這個相對來說是西方的發明，并且成為傳統。

在實定法中明文規定戰爭行為的規範，這就可以衡量敵我雙方的表現。而一旦認為戰爭行為可以客觀地不以成敗論英雄（請注意在中國的這句名言裡，它說的是「成敗」，而不是「勝敗」，讀者可以想想兩者有何分別），那麼我們就多少可以對敵我雙方作一個衡量，看那一邊比較遵守戰爭的行為準則。從這裡，我們當然可以進一步處理對方是不是值得尊敬或嘉許。

古代史上面最有名的「最可敬的對手」應該說是漢尼拔（Hannibal Barca, 247-183 BC）。在公元前二世紀上半（約當漢朝初年）時，他帶領迦太基軍隊從西班牙，越過庇里紐斯山進入法國南部，然後又攀越阿爾卑斯山，從意大利的「背後」進攻羅馬，他雖然最後沒有能打下羅馬，但是卻造成羅馬極度的恐慌。據說當時羅馬人教訓小孩時，經常會用「漢尼拔就在門外」（*Hannibal ante portas*）來恐嚇他們。漢尼拔由於作戰「殘忍」，善於謀略，因此深被羅馬人佩服，在許多歷史或文學作品中有很多正面的記述。他有幸遇上一位與他幾乎在驍勇作戰及運用策略上相侔的羅馬將領（可惜這個人的名字比較不為人所熟知）西庇阿（Scipio the African, 236-283 BC），兩人竟成為惺惺相惜的對手。據說他們曾經見過面，討論誰是歷史上最出色的將領，兩人都同意是亞歷山大，但是對於第二名，就有爭論。漢尼拔絕對不肯稱讚西庇阿，而且還誇說他自己比亞歷山大還出色。最後，西庇阿只好以曾經能打敗比亞歷山大還行的將領自我安慰，而結束了這場對話。可見古羅馬人對他們這個敵人有多麼尊敬。

最稱讚漢尼拔的歷史家是波利比斯（Polybius, 200-118 BC）。他原是希臘人，但長期住在羅馬。他用希臘文寫的羅馬史，目的是要說明為什麼羅馬能在非常短的時間內建立一個世界帝國。書中對漢尼拔有生動而令人神往的記述。顯然地，漢尼拔在波利比斯的眼光中一定是一個能嚴守戰爭行為的道德法則以及其目的的軍人：漢尼拔沒有攻下羅馬，原因是他認為這個不是發動戰爭的目的，對迦太基不是好事。另外，他對羅馬軍隊的勇氣印象深刻，據說西庇阿的軍隊被殺死的，沒有一個人是因為逃跑而背後中槍的。他能這樣面對戰爭的目的，不幸被迦太基元老院批評，又公然讚美羅馬人的武德，這就讓羅馬人覺得他當然是一個可敬的對手。

西方歷史上，像漢尼拔這樣的「可敬的對手」還有很多，篇幅有限，所以不能多引述，而只提第二次大戰有名的隆美爾（Erwin Rommel, 1891-1944）。隆美爾的故事大家都知道。雖然他指揮的戰役並不是百戰百勝，甚至於可以說敗多於勝，但是他顯然是一個有嚴格自律，尊敬戰爭法則，相對信守職業道德的將領。他最後甚至於對下屬

漢尼拔帶領大軍攀越阿爾卑斯山。Heinrich Leutemann繪。

參與謀殺希特勒的計劃沒有出聲反對，沒有向元首報告。這樣的職業道德因此受到戰爭雙方共同的認同（最新的研究指出隆美爾的思想可能遠比我說的更為複雜，這裡不作深入的探索）。

另外一個有趣的例子則是山本五十六。山本的故事大家耳熟能詳。關於他反對發動太平洋戰爭，現在差不多已經是日本和美國都接受的「事實」。正確與否，當然沒有定論，但是在《虎、虎、虎》這個電影中替他形塑的軍人性格，以及說他講過的「發動太平洋戰爭會把一個沉睡中的巨人叫醒，使他下驚人的決心」這句話（現在認為這是捏造的）都讓人們印象深刻，覺得他是一個不得了的軍人（不惜犧牲自己的生命），而且更是一個有遠見的戰略思想家。

據說，日本人也有崇敬或讚美敵人或對手的傳統。因此有人說日本人對張自忠（1891-1940）非常拜服，認為是一個可敬的對手。這個傳說正好可以讓中國人產生兩種反應：第一個是抗戰時中國有偉大的將領，而日本沒有。第二個是中國有遵守道德信念的將領，而日本連一個都沒有。我想，如果再深入一點去思考，那麼或許應該還可以有第三、第四的想法。

我認為「可敬的對手」這樣的觀念和西方法律傳統中的「契約」（contract，政治哲學，如盧梭的《民約論》（或稱為《社會契約論》）或「盟約」（covenant，《聖經》或法學用語）觀念有關係。但是這些觀念非常複雜，不是我在這裡所能討論的，但是不妨拿它來與一般學者所主張中國社會行為中的「報」的觀念做一個簡單的比較。「報」的觀念缺乏強制性，所以雖然是一種社會生活的理想，但是沒有法律的效力。相對之下，契約是一種有強烈法律意義的觀念。我認為中國人不像西方漢學家所說的有普遍使用契約的傳統！

最後，嚴肅的歷史研究會把歷史上的傳說、神話、溢美的說辭或抹黑的貶抑做釐清的工作。但是一般人的生活信念和經營生活的原則并不只受冷冰冰的歷史作品的支配。人們會從戲劇、小說、或傳記中擇取自己所相信的經驗來指導自己。因此，不同的傳統會繼續流傳。不過在文化的傳佈或交流過程中，自願或強迫性地相互影響，或許會使得人類學到戰爭也應該是可以用行為準則來加以規範的。我們將拭目以待。

——二〇一六年六月十二日於紐約佳柏谷

不平與社會公義

惟願公平如大水滾滾，使公義如江河滔滔。（《希伯來聖經》〈阿摩斯書〉5: 24）

在普通講話當中，「不平則鳴」算得上是一個成語。一般地說，「不平」是心理上的不平衡。表現出來，它會產生類似「抱怨」的雜音，所以拿「鳴」來形容它。用「不平則鳴」時，含義大多屬於負面。當然，使用「不平則鳴」時，也可以帶有正面的意思。

在傳統中國，據說談論「不平則鳴」最多的是韓愈（768-824），所以有學者稱他的理論為「不平」的文學觀。擴大來說，這個「不平的文學觀」變成了中國文學理論的重要說法。東京大學的大木康教授就寫了一本書專門談它（《不平の中國文學史》）。但是「不平」的抱怨或怨憤當然不限於文學創作。事實上，韓愈和文學家大多是統治階級的人。傳統中國社會的建構和運作的理想都建立在統治階級或至少讀書人的思想上面。讀書人還沒有入仕之前，或許不能稱為統治階級，但是他們很多本來也就來自統治階級的家庭或家族。雖然科舉的篩選是決定中國社會階級分化最重要的機制，但是它對於社會階級的改造影響並非很大。無論如何，科舉對於沒有家庭背景的人來說是非常重要的，因此從宋代，對於科舉是不是能公平舉行，常常產生激烈的爭論。為了維護科舉制度的公正，創造了很多的辦法像彌封、謄抄等等，多得難以計算，而弊案更經常發生。從防範考生作弊，到規定如何出題、評分，到每一個地區的錄取人數應如何分配，種種規定，不一而足。作為人類歷史上實施得最長遠的制度之一，科舉的精神本來非常合乎理想，卻因為中國社會不重視法治，缺少誠實的習慣，使得科舉制度的實施總是集中在防範作弊，而不能變成改善教育的可靠方法。明代中葉以

東京大學的大木康教授寫有一本《不平の中國文學史》。

後，還創造出八股文這樣殘害創意的作文方式。八股文終無法促成科舉考試的「公平」（黃宗羲對科舉制度之「私」有嚴厲的批評）和「公正」（顧炎武比較重視科舉的執行細節）的理想。「不平」就這樣長年伴隨科舉制度，直到它被廢棄為止。可見「不平」的現象在文學以外的科舉也常常發生。

科舉制度之所以需要公正，主要是因為它影響了太多人的生涯規劃。而社會階級的設計又使得統治階級掌握了絕大的社會資源，以致分配極端不公平。但是社會的「大公」卻無法因為政府維持「小公」（所謂的公正）而得到實現。傳統中國社會的「不平之鳴」實際上是因為科舉制度雖然公正，卻並不公平。中國過去的文學有強烈的「不平之鳴」的現象，那麼科舉考試要求公平應該也是「不平」感的結果。社會的不公平是屬於我們所說的「社會正義」的問題。關於「正義」的觀念，在西方從柏拉圖和亞里斯多德開始，討論的已經很多。但是「社會正義」的探討則較少（至少這個詞的出現相對比較晚；雖然有的學者認為奧古斯丁是第一個系統探討它的思想家，但是把「社會」與「正義」兩個字連用則晚到十九世紀）。「社會正義」也常常翻譯為「社會公義」，因為它是社會整體的問題，而不像「正義」比較是屬於個人的問題。簡單說，從近代社會學（涂爾幹〔Émile Durkheim, 1858-1917〕和韋伯）發展了之後，社會的觀念開始影響人們對「正義論」的討論。社會問題變成了社會制度及社會階級的問題，大家也警覺到許多社會問題，尤其是分配不平等的問題，往往不是統治階級靠個人修養德性，付出同情心，慈悲為懷就可以解決的。名史學家夏瑪在論法國大革命的《公民們》（*Citizens*）一書中就指出這一點。他認為其實法國國王和貴族並沒有在個人的品德上面有太大的過失，也誠意想要解決問題，但是文化傳統，社會結構，政策失誤，造成社會「集體能量」（collective energy）爆發，乃至於不可收拾。什麼是社會的集體能量？這就必須有了社會學以後，我們才能想像它對歷史的影響。

一九九三年我應伊拉尼（K. D. Irani）和席爾瓦（Morris Silver）之邀請，就中國古代對「社會公義」的態度寫了一篇文章，收在他們合編的《古代世界的社會正義》。後來我又應德國學者施瓦德勒（Walter Schweidler）之請，寫了宋代的「公義」觀，在德國出版。簡單地說，我認為傳統儒家對於解決社會問題的說法一向是建築在如何改進個人的道德修養這個基礎上面。君子（統治階級）是社會的領導階級，他們對於社會問題的解決，主要是根據「同情心」（慈悲為懷）。官員們對於社會制度的改變基本上是無感的，而對政策固然不是完全不知思考，但是大致上不太重視。這是我的基本論點。

最近我也寫了一篇短文，指出中國文化一直沒發展出現代學術（特別是社會學），所以儒家思想對於社會分配的不公平這一類的問題，除了奢談道德同情心之外，無法從制度的角度來討論其根源及實踐。這幾年慈濟功德會遇到的一些抨擊或許是因為有財報不夠清楚，非法投資的問題。但是多年來，我就一直認為慈濟很少站在現代社會公義的立場，積極地參與改良社會制度或制定政府政策的活動。我認為這是因為中國和台灣的「慈善」傳統沒有「社會正義」的觀念。影響所及，它就造成嚴重的缺點。其他許多宗教團體也都多多少少有相似的問題。以前唐德剛先生常常說中國歷史很大的問題就是國家很大，社會很小。這話說的很對。中國文化受儒家影響至深，台灣也不例外，它不重視社會及社會正義的特質需要我們不斷的反省。

思考一個大學校長

陳力俊校長。

二〇〇七年我應交通大學之邀請，到校負責通識教育，隨後我也出任交大的人社學院院長，及新成立的人文社會研究中心主任。當時的校長是張俊彥，他很關心人文學術，但是我報到的前一天卻是他退休的日子，所以我沒有能跟他合作，覺得非常可惜。

二〇一〇年，我也到了退休的年齡，所以吳重雨校長就把我轉到新成立的客家學院，放棄我最關心的通識教育的工作。客家學院的成立是張校長壯大人社學術的一個重要措施，但是我個人並不是那麼贊成民進黨政府推動客家研究並成立專門學院的做法。當時整個交大並沒有歷史系，而我也曾努力想在人社學院創立歷史研究所。現在我卻被指派去了客家學院。這對我這個一直以史學研究寫作為中心的學者來說，實在是非常不合適，因此我便聯絡當時清華大學的陳力俊校長（一九六六年臺大物理系畢業，二〇一〇至一四年間擔任清華大學校長），說我希望過來清華大學。陳校長表示歡迎，遂替我找到了學校的基金，讓我到清華又繼續了四年的教研工作。對我來說，能在學術生涯最後的幾年到清華任教，這是很令我格外興奮感激的事。雖然我在臺大曾經擔任當時的東亞文明研究中心（即現在的高等人文社會研究中心）的首任主任，因此與陳維昭校長也有一些接觸。比較之下，陳力俊校長所展現的氣派與對學術的關懷是遠遠勝過我所遇過台灣其他的大學校長的。

陳校長只擔任了一屆的校長，但這是忙碌而又有建樹的四年。我說這話，絕對是有證據的。這是因為陳校長把他四年來所發表的各樣的公開致詞或感言都仔細收集，分成三本書出版。這一千多頁的資料不只反映了陳校長對保存史料的細心，也反映了他對每一次演講的重視。我記得二〇一一年初到清華，我準備召開一次有關傳統東亞書院與科舉制度的會議，找陳校長替我籌錢。他不僅慷慨允諾，還答應到時來作開幕致詞。當時我初到清華，不知道他對致詞的態度，以為就是不過隨便說幾句場面話，所以到了開會前兩天，才準備了一份簡單的大綱給他。哪知到了開會時，他竟然發表了一篇令我非常驚佩的開幕致詞（見第三冊，頁252）。內容富有歷史感，又充滿了對當代台灣教育與考試制度的反省。它直接指出傳統科舉以至於近代中國的幼童留美的甄選都有地域上不平均，讓江浙人占大多數的缺點，由此而推崇目前大學入學考試的「繁星」制度，指出它如何可以調整科舉的流弊。為了準備這麼一篇很短的致詞，他一定翻看了好幾本相關的書籍。我只能感謝他把這件差事當作是一件重要的任務，令我感激不已。其實，更重要的是他對中國歷史的知識和心得。二〇一二年底，清華人社院召開了有關宋朝文學與思想的研討會（同上冊，頁263）。宋朝歷史在傳統中國知識人的心目中一直是衰弱不振、對外族稱臣納貢的朝代，清初王夫之的《宋論》就有所謂「陋宋」的說法。但是到了二十世紀三十年代，由陳寅恪（以及錢穆，不過錢的立論基礎與陳寅恪有所不同）的提倡，中外學者開始對宋代文化有了嶄新的解釋，認為宋代雖然在軍事上無力抵禦外侮，可卻在文化上面有了非常出色的表現和進步。陳校長的致詞竟然指出了這一個在歷史解釋上的重大改變。他笑說「宋代是一個充滿矛盾的朝代」，反映了宋代歷史地位的弔詭性。他更討論了宋代文學與思想的特性和貢獻。文中引述了王國維、胡適、朱自清等人的說法，儼然一篇對宋代文化的精采入門。

那次會議著名的美國中國史專家、現任哈佛大學助理副校長包弼德（Peter Bol，他在清華就有兩位學生任教）也參加了。他聽到陳校長的致詞，轉身問我說，校長的本科是什麼？我告訴他說是物理，他非常吃驚，連聲稱讚說，沒有想到清華的校長會對宋代有這麼深刻的認識，特別是知道宋代歷史解釋的新舊看法云云。試想，清華人如果聽到包弼德這樣的稱許，心裡會有多麼的驕傲。當然，陳校長的致詞稿是經過同仁事先預備的，但是重要的是陳校長在看它們時，虛心消化其中非常學術性的說法，接受它們作為他自己的意見，這才真是難得。這個就是陳校長作為學術領導人的重要特色。陳校長甫就職，即遇上清華百周年校慶。如何慶祝這所學校的生日？陳校長想到的就是成立一個「百人會」，找到一百個能捐助學校一百萬元的校友。這是一個很別致，卻不容易想到的組織。百人會就是在二〇一一年開始的。百人會原是為了興蓋體育館而開始，但是不到兩年，他更進而推動設立清華的永續基金（endowment），兩者

百人堂是陳力俊校長帶給清華的重要貢獻。

並行，鼓勵校友及社會賢達對大學教育做出應有的貢獻。這是非常重要的創舉。陳校長更進而創建「清華名人堂」，好紀念過去一百年來的著名清華人。

近代台灣及中國大學都有共同的艱辛任務：那就是如何能獨立辦學，不受政治的干擾。在西方，解決這樣的問題大概有兩種：在美國，就是主張私人興學，來抵拒政治勢力的滲透。幾乎所有的知識人都不認為公立大學能辦得好，而且認為伸手向政府要錢，當然免不了會受政府的干預。只要可能，大學當然不要公立。在歐洲，私人辦學並不流行。但是歐洲有源遠流長的政教分離及競爭的傳統，教會具備強烈的社會勢力，因此常常可以替大學講話，使政府對大學經費及運作無法操縱或影響。任何人如果到了布拉格舊城中心，看到那座胡斯被燒的銅像，那就可以看出政府或教會都無法獨力控制大學，所以到了今天，布拉格大學仍然紀念胡斯（Jan Hus, 1371-1415）勇敢地為大學的想法辯護的傳統，尊崇他出來抗拒權威，而被燒死的偉大行為。不管如何，一個大學就是必須以政教競爭的傳統或以私募經費為目標來保障它的獨立和學術自由。

在今天的台灣，一個大學的校長除了面對校內學術的發展，要領導不斷創新的研究成果的挑戰，還得負起向社會闡述大學教育的目標，建立大學對社會貢獻的形象，並開創國際視野，佈局學術交流，以及種種其他的活動。這些都可以在他這三本《一個校長的思考》看出來。然而，今天的台灣，大學校長不再像五四時代那樣，在兩千多年讀經、

布拉格的胡斯銅像。圖片來源：wiki by Jorgeroyan

科舉、背誦和書院中解放出來，可以放手開創一個全新的傳統。相反的，台灣過去六十年中的校長往往必須在非常狹窄的空間中，摸索偶然可以突破的空隙，帶領學生們探頭到無知蒙昧的洞穴外面，去窺視外面燦爛的陽光。陳校長在短短四年中就做了許多耽溺於「citation index」及大學排名的校長們所沒有做的最重要的工作。

陳校長曾經在我應台積電文教基金會之邀，發表的近代西方思想的講座中幾乎全勤地出席聽我的演講。有時他聽到我提及重要的當代名著，他就立刻去買來讀，而他也常常提到我自己不知道的新書。這種態度充分地反映在這些精簡而深刻的致詞、發言當中。他的好學深思流露在每一篇文字裡，鏗鏘感人。他對歷史的感受也因此特別真切，不是不讀歷史的人所可以輕易感受得到的。資料是歷史的素材，陳校長在四年中積累了這些重要的學術史的材料，讓我們對清華的歷史有一個非常信而有徵的資料集來做歷史寫作的基礎。我何等期待他會進一步把他個人的感受寫出來，就像當年北大的校長蔣夢麟先生（他與清華其實透過西南聯大也有千絲萬縷的關係）寫出了到今天仍然膾炙人口的《西潮》一樣，替清華的歷史和未來的使命定調。

台灣思想界如何變成保守和固步自封

——紀念蔡元培一百五十誕辰，出任北大校長一〇一周年

一九五九年左右，我還在台南一中讀高中，每一天早上，當《中華日報》來時，我第一個讀的就是蔣夢麟先生的《西潮》。這本自傳式的書在當時台南的《中華日報》連載，我每一天讀它，受到很大的影響。我記得「山雨欲來風滿樓」這句話就是這本書上學來的。蔣夢麟寫這本書的時候，是從中國跟隨國民黨逃難來台灣之後的不久，心情極度灰心和失望。他寫這本書無非是要為中國前程做一個比較深沉的反省。

蔣夢麟是浙江餘姚人，算是王陽明的同鄉。但是蔣夢麟生在西風壓過東風的近代中國，是王陽明所未及見到的。他所遇到的文化問題遠遠超過王陽明所遇到的在心學及佛教的禪宗與程朱理學之間的格義問題，因此《西潮》的歷史意識顯然對現代中國有更大的關係和意義。

據說蔣夢麟就是雇用毛澤東到北大圖書館工作的校長。是不是如此，這個並不重要。當時北大出名的文科教授幾乎全部是江浙人：從蔡元培（1868-1940）到陳獨秀到胡適（安徽人，但是在上海起家）到剛展露頭角的顧頡剛都是。就是後來的徐志摩（1897-1931），也因為這種關係，在北大教英國文學。這些人是毛澤東很希望接近模仿的學界領袖，他們承續了數百年江南才子的傳統，在二十世紀的五四前後，支配著中國思想界的潮流，帶領時代的風騷。毛澤東後來對這些人極端怨恨（瞿秋白〔1899-1935〕也多少可以放在這個脈絡去討論），顯然就是因為他與這些文人學者在社會階級和生活習尚上面有太大的距離。共產黨勝利之後，這一批江南才子因此大部分都離開了中國。留下來的（像吳晗，1909-1969）多半不得好死。有趣的是與他們思想算是很相近的馮友蘭（1895-1990）、陳垣、陳寅恪等人卻都選擇留在中國。後兩人是廣東人，也沒有受到迫害。馮友蘭則是河南人。

這批學者有一個共同的特點，就是他們大多曾經留學國外，對於西方世界有認識和相當的認同。他們知道中國的未來一定要跟西方的世界觀產生共鳴。他們敢于批判儒家的思想以及由「禮」所形生的種種社會慣習、規矩、及禁忌，主張必須對它們作根本的反省和改造，建立理性及科學的世界觀。蔡元培算是民國時代這些江南學者（以及跟隨他們的人，例如山東人的傅斯年、也是江南人而落籍天津的梅貽琦（1889-1962）的第一個領袖。蔡元培對提拔同鄉的後進是不遺餘力的，包括不領情的魯迅（周樹人，1881-1936）。不過他們多有廣闊的世界觀，大膽抱持對傳統作出批判的態度，相信西方的價值（民主、自由、理性、科學等）可以與中國的價值融合，帶領中國走出保守的而缺乏理性基礎的傳統。

有趣的是，反對他們的最重要的領袖竟也是從江南出身的錢穆。錢穆是出身無錫的一個自學的學者（與他同調的梁漱溟也是自學出身）。錢家算是近代中國的破落大戶，他個人對同屬末代貴族的孔子應該有一種心境上的認同，對當時歸國留學生的新興階級有強烈的疏離感。錢穆對中國學問當然有深厚的根底，不相信西方學術對中國學術能作出有用的貢獻。他不僅反對人類思想有一些共同的基本假設，更認為東西文化基本相異。他提倡所謂的中國「學統」，與西方抗衡。他認為要瞭解中國文化不能透過理性，而是要首先對中國有「溫情」。這些看法都與在全世界到處走動的胡適的認知南轅北轍，因此雖然胡適還是邀請錢穆到北大教書（有人說是顧頡剛力薦，但是我認為不太可能，因為顧頡剛當時相對資淺），錢穆卻因為中央研究院的第一屆院士沒有選他，因此在一九五〇年選擇遷去香港，不願到台灣，以示他的不滿。胡適去世之後，他才因為香港的西化程度遠遠大過台灣，而胡適也已經離世，有機可乘，這才決心搬來台灣。

我在這裡花了一些篇幅來討論錢穆，主要是因為他來台灣，衝擊了由胡適、蔣夢麟及梅貽琦等人所代表的現代化觀點。這是一件不幸的發展。尤其是因為蔣介石本人對美國在一九四九年放棄支持國民黨政權，懷恨在心，因此對中央研究院當時碩果僅存的第二代學人（像董作賓〔1895-1963〕、嚴耕望〔1916-1996〕、姚從吾、勞榦〔1907-2003〕等人，當時很多人文社會的院士羈留海外）形成壓力，無法繼續上一代那種恢宏的、勇於面對狂風暴雨的氣度。

另外有一點是很少人談到的，那就是台灣本地勉強繫於一線的文化人傳統。這個傳統受到的是十九世紀歐洲末期寫實思想（例如雨果、左拉）、現代主義神學（例如施萊馬赫〔Friedrich Schleiermacher, 1768-1834〕、齊克果〔Søren Aabye Kierkegaard, 1813-1855〕、巴特〔Karl Barth, 1886-1968〕）、及現代化思想的影響，他們雖然著述不多，而

宋泉盛博士曾被評選為當代十二大傑出神學家。

且就像曾慶豹的《約瑟與他的兄弟們》一書所說的，到了一九六〇年代已經差不多不再能公開出版他們的著作，甚至於亡命西方（黃彰輝〔1914-1988〕、林宗義〔1920-2010〕、宋泉盛〔1929-〕、彭明敏）。但是這種有別於「中國文化優先」假設的「世界主義」卻持續為台灣許多學生們所擁抱。

近代中國保守思想的信徒除了錢穆以外，如熊十力、梁漱溟，以及稍後的唐君毅、牟宗三、徐復觀（1904-1982）等人，本來是國民黨所排斥的「第三勢力」，在海外只能苟延殘喘。但是錢穆搬回台灣（一九六八年），卻為這個保守力量灌注新機。這正是第一代開明學者式微、台籍思想家受到壓迫而出走的時刻。許多新的觀念，特別如果是來自美國（蔣介石持續著反美的情緒），都受到懷疑。甚至於像「現代化」（當時努力提倡這個觀念的杜維明、金耀基、林毓生、以及稍後的葉啟政等等）的主張也一體受到懷疑。許多觀念對不能讀外文的人都是非常困難的，而許多能領風騷的學者又都不能認同在台灣的黨國政府。於是從五四以來積累的啟蒙能量就消失殆盡。一九七〇年代以後，五四這兩個字竟然變成了抹黑的對象。有二、三十年之久，學校的課綱除了歌頌國民黨推翻滿清、北伐、抗日、反共的功績之外，沒有其他可以討論、批判的空間。尤有甚者，一九六六年中國爆發了所謂的「文化大革命」。這就使得「改革」、「革命」，甚至於「批判」，等觀念在台灣都受到深度的排斥。尼克森訪華（一九七二年）之後，海外學者更認為台灣沒有前途，就是美國人也不再支持，台灣的文化危機遂在政治危機之後，變得更為嚴肅。親國民黨的學者們既無能力（部分是因為威權政治的影響），又對外面的世界缺乏認識，完全無法提出一個真正對傳統有創新的觀點。除了抱殘守缺之外，完全沒有新意。這個在當時由國民黨政府出了很多錢來辦的《中國文化復興》月刊可以看得很清楚。這本雜誌偶爾會討論「現代性」，卻從來盡量避談「現代化」。

於是台灣的思想界從一九七〇年代就走向負面意義的保守主義，除了有部分技術官僚引進一些新的經濟政策，而造成了「現代化」的迴光返照之外，心靈的枯索，已經到了極點。這就是解嚴（一九八七年）之前的台灣文化及思想。它的影響到了今天仍然到處可見。

——二〇一八年一月十一日，於台灣竹北

北京大學內的蔡元培雕像。
圖片來源：wiki by Charlie fong

大學生的 PRANKS

一九五八年六月八日的清晨，人們突然發現在劍橋大學校務會大樓的屋頂上面居然停了一部奧思汀的房車。顯然，前一天晚上一定是有人把它弄到了這座十八世紀的大樓頂。再來的五天，劍橋的警察和消防隊想盡辦法才終於把這部汽車降了下來。雖然大家都說不知道是誰把它搞上去的，但是學院的導師蒙特菲爾牧師（Rev. Hugh Montefiore, 1920-2005）卻偷偷送了香檳酒到學生的宿舍門口致意。顯然這位導師不僅不覺得這件事是犯規的行為，甚至還暗自欽佩學生們的鬼才謀略。

這件惡作劇事件是典型英文中所謂的「prank」，是英國大學裡面很長久的傳統。這一件劍橋大學生的惡作劇非常的經典，堪稱為惡作劇歷史的傑作，以後也有人模仿它，但是當然沒有一個會像劍橋大學那十二個學生（另加兩個女生；她們的工作是在路上掀裙子引開路人看到屋頂上的大戲）那樣名留青史。所以在二〇一五年，當麻州理工學院的學生們把一台消防車搬到校園中心的著名圓拱大樓時，人們只覺得不過是東施效顰罷了。

所謂「惡作劇」，當然一定是開玩笑，所以大多是年輕人搞的「無傷大雅」的活動。惡作劇必須不會真的傷害到人，不會在被搞的人心中留下陰影或過分的損失。聽說在西方，惡作劇因此通常是愚人節的遊戲。它必須要具有一定的原創力，因此往往在大學生活圈子裡特別的多。事實上，從中古歐洲大學的記載裡，我們就常常看見相似的活動，只是都可以算是所謂的「惡作劇」嗎？那就見仁見智了。總體來說，中古時代近似惡作劇的各種故事其實比較像是騙局。我讀到的不少所謂的「惡作劇」，包括一個教宗竟然是女性的傳說，年輕的米開朗基羅為了賺錢而造假古董的說法，聽起來更像犯罪行為。竟還有說馬可波羅的《旅行記》是虛構的，實在缺乏上面所說惡作劇的特點。

說到大學生的各樣惡作劇，那簡直是汗牛充棟，只要上谷歌搜尋，就一定會讓你看不完。為了寫這一篇短文，我竟然因為讀了好幾天數不完的記載，結果錯過了交稿的時間。說不定在你讀這篇文章的時候，已經是我寫完交稿之後的三個月了。兩個一樣有名的大學互相在運動上競爭是西方近代大學的傳統，特別在英語大學間流行。比賽期間，學生們各出奇計，讓對方出醜。當今世界上最出名的兩校競爭應該是哈佛與耶魯了，每一年感恩節（十一月下旬）兩校的美式足球賽對學生們來說，絕對是一大盛事。連我這個只知道讀書（至少當年是如此）的人也都去看過一次，可見一斑。足球比賽當然是核心活動，雖然其實兩隊都不強，沒有什麼可以令人看得如醉如癡的，但是前此就會有各色出奇制勝的「競爭」，反倒往往會喧賓奪主，讓大學生留下深刻的另類記憶。一九七二年十一月二十六日，耶魯和哈佛球賽的前一天早上，我正在聽CBS（哥倫比亞廣播公司）的新聞，突然聽到了一則非常令人驚奇的廣播。著名的主播Dan Rather廣播說，根據哈佛大學的學生報紙（《緋紅的哈佛》〔*Harvard Crimson*〕），季辛吉（Henry Kissinger，時任國家安全會議顧問）已經決定在年底辭職回哈佛大學教書。這是一個重要的消息，因為在這之前的一整年中，季辛吉的聲譽如日當中，因為他促成了尼克森的訪華（那一年的二月），轟動了全世界。他的聲勢來到了空前的高點，把傳統的外交家范斯（Cyrus Vance, 1917-2002，時任國務卿）完全壓了下去，這個要遽而辭職的消息當然會震驚全世界。但是到了下午，ＣＢＳ就出來澄清，道歉說這個消息是「假消息」，被那一天哈佛的學生報紙誤導了，而哈佛的學生報則是耶魯的學生在前一個晚上潛入哈佛報社偷印的。本來兩校競爭，各發巧思，出奇制勝，但卻不可以無所不用其極。這一次耶魯的學生游蕩在潛規矩的邊緣，真的是「應用之妙，存乎一心」，把「惡作劇」的精神發揮到了極緻：能不用太花錢就讓全世界都震驚，的確非常巧妙。哈佛和耶魯雙方偷入對方的報社去印假報紙，這個其實由來已久，所以耶魯這一回算不得是創舉，也不是有什麼原創力的表現。不過因為這是我親自的經歷，所以至今還留在腦海裡。實際上，耶魯這次的惡作劇只是回報哈佛在早幾年曾經做過的幾乎完全相同的糗事而已。

哈佛大學旁邊的麻州理工學院（ＭＩＴ）看到哈佛和耶魯眉來眼去當然很吃味，因此也常常想要插一腳。就不在此浪費筆墨來談它，而轉而談它與加州理工學院（Caltech）之間在二〇〇六年的趣事。兩校都以理工科出名，後者在每單位面積出的諾貝爾獎得主可能還勝過前者，但是無論如何兩校競爭絕對是理所當然。二〇〇四至二〇〇六年間，兩校的學生搞出了不少惡作劇。簡單地說，Caltech 在二〇〇五年在MIT校園到處張貼或印發譏笑ＭＩＴ的文字或標語，像「因為不是所有人都進得了Caltech」之類。於是第二年，ＭＩＴ的學生就力圖報復，竟然把一座架在弗萊明（Fleming）宿舍前的大炮偷運到ＭＩＴ。這齣戲花了參與其事的三十個MIT學生將近七千塊美金的錢。最後經過了一番討價還價，Caltech才成功把它運回學校。這件鬧劇轟動一時。連維基百科也立有條目（而且中英文都有），有興趣的讀者可以去找來讀：https://ppt.cc/fx。

說到這裡，美國西點陸軍軍官學校和在安納波利斯（Annapolis）的海軍軍官學校，每年輪流在兩校舉辦的足球比賽也是一大盛事。在廣達七百多頃的校園中，不僅古跡到處都是，而遠眺赫貞河谷，更是美不勝收。校園的體育館在大操場邊不遠，從操場看去，正好是它的屋頂。所有的人從那裡經過，都可以看到上面畫著兩個大字「Sink Navy!」（打沉海軍），當然，這就是陸軍官校生年復一年的美夢。每年秋天，西點這個小小的鄉村就上演著陸海軍競爭的鬧劇，我很希望和太太能夠去看一次，順便欣賞球賽前官校學生在大操場上的盛裝分列式。

大學生的鬧劇中外都有，說也說不完，可以就此打住。但是我還覺得一定要講最近一個耶魯搞哈佛的鬧劇來結束，因為這一個惡作劇成功成為僅次於上面提到的劍橋大學的鬧劇，而被廣汎認為是最新的糗事。事情發生於二〇〇四年，耶魯的學生們設計要到足球賽事時出哈佛大學的醜。他們動員了兩百多位同學，穿上代表哈佛的緋紅色運動衣，携帶假的哈佛學生證，每一個人還帶了一張白色或緋紅色的紙版，坐到哈佛學生的地區。當他們被警察盤問時，由於準備充分，所以毫無問題溜進了哈佛的學生區。他們不僅衣著正當，帶有學生證，並且可以用最為可靠的自信來證明他們的身分，因為他們是帶著替哈佛加油的紙板，上面的顏色是哈佛的顏色。

開賽之後，哈佛的啦啦隊朝著耶魯區大吼「耶魯有夠爛！」（YALE SUCK），於是全體裝作哈佛學生的人就站了起來，打開他們的紙板，編排出「我們有夠爛！」（WE SUCK）來響應。可以想像這時全場譁然，笑聲貫耳的情景。我想這時最感到莫名其妙的人可能是哈佛的啦啦隊長。

2004年「哈佛」學生演出了「我們有夠爛」的鬧劇。
圖片來源：wiki by Jdevor.jpg

霍亂及瘟疫的社會學

幾年前有一次跟一位在紐約著名醫院做研究的朋友談起了DNA結構的發現者華生（James Watson, 1928-）的事跡。我說許多學術上的發明或發現常常必須依賴一些有力人士鼓吹，繼續研究的方向往往因此受到影響。如果華生的研究不受注意，那麼我們今天的生物學，乃至於醫學都可能有不同的面貌。我的朋友並不同意這個說法，他再三說華生的研究沒有錯，他的發現就是科學發展必然要走的路程，如果不是他，一定也會有其他人提出。

這次的談話已經有十來年，我也早已經淡忘。不過我的談話是建基於我對歷史學術的一種感受，因為歷史學家對某一個歷史事件感到興趣，要做出研究，往往受到他自己身邊發生的事物和經驗所影響。舉一個例子來說，十八世紀偉大的歷史學家吉朋的名著《羅馬帝國衰亡史》並不是以他對羅馬帝國衰亡原因的說法而成名，事實上，書中第十五、六兩章，分析基督教在羅馬帝國的角色為最重要，這才是他成名的關鍵。可以說在啟蒙時代成長的他，在思考西方歷史上最強大的帝國的衰亡時，基督教就成為他思考的重心。這樣的著作與羅馬帝國時代的歷史作品比較，馬上就可以看出差別。不要說塔西佗沒有提到基督教（雖然提到了耶穌），而到了到奧古斯丁之後，根本就沒有人敢再說基督教是羅馬衰落的原因。每一個時代的史家都是以自己時代的關心來瞭解歷史，而他們的解釋又回來影響他們對當代事務的看法，並影響政策的選擇。所以上一世紀四十年代的意大利名歷史家克羅齊會這麼說：「所有的歷史都是現代史」。人們對歷史真相的描繪和認識在在受到時代的需要的影響和支配，因此所謂的「真相」充滿了選擇性。

發現霍亂及肺病細菌的科赫。圖片來源：wiki by Pigsonthewing。

我的朋友是出色的自然科學家，他當然不認為精確的知識會因為時代的需要和社會的階級結構而改變，更不用說影響或控制，因此我們的討論就停在那裡。當然，一般人對我這位朋友的看法比較容易瞭解，因為它合乎常識的看法。科學真理一般比較有說服力，我們都相信時間和社會變遷對真理是不可能產生影響的。然而，許多科學家的傲慢卻也可能會使他們造成盲目的錯誤。

時間回到一百多年前（一八九二年）的德國漢堡，當時漢堡遇上了霍亂，整個城市受感染而死亡的人數多達八千六百人。當時有一位醫生名叫科赫（Robert Koch, 1843-1910），他察覺了霍亂病原乃是一種細菌，而這種細菌會在污水或鹽水中滋生，因此喝相同來源的水的人，如果那水受到了感染，大家就都會感染。這就是霍亂傳佈的真相。其實這個事情早在一八五四年英國醫生斯諾（John Snow, 1818-1853）仔細追蹤倫敦地區病人的分佈後就已經知道，因為大家都是飲用同一口井的水。他建議倫敦市政府把那口井封掉，於是霍亂就停止了。這是疫病學上重要的貢獻。不過，確認這個細菌，並給與學名的人則是科赫（雖然事實上有一位意大利醫生，帕奇尼〔Filipo Pacini, 1812-1883〕，早過他三十年就已經發現這個細菌）。漢堡發生了霍亂之後，科赫就兼程趕來提供意見。他提出了有名的「科赫法則」（Koch's Postulates），極力主張要在漢堡設立濾水廠，以便提供乾淨的水。

從純粹科學的觀點來說，這樣的建議本來應該是沒有爭議的，但是牽涉到金錢和政策時，就會有許多科學家也無法完全控制的因素。首先，任何新的科學發現都必須經過權威的認定，特別是在一百多年前更是如此。當時德國最有影響力的衛生醫學專家培登克弗（Max Joseph von Pettenkofer, 1818-1901）不完全贊成科赫的說法，他懷疑微生物細菌不是產生霍亂的主因，因此不贊成過濾水的提議，造成了治療上的延誤。其次是他一再否定漢堡有傳染性質的疫病，這也拖延了治療的先機。等到漢堡的瘟疫已經到了不可收拾的局面，市民暴動（現在史家有稱為「革命」者），上街向市政府抗議，要求培登克弗下台時，培登克弗居然還在背後鼓動他的學生繼續反對科赫，更親自出馬挑戰科赫說他願意喝含有霍亂細菌的水，來證明科赫的說法並不正確。有趣的是培登克弗（還

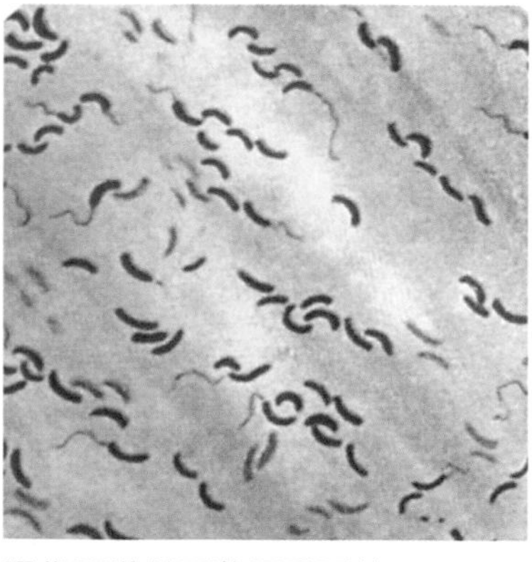

現代顯微鏡下的霍亂弧菌。

有另外一個學生也做了相同的公開「實驗」）和他的學生都逃過一劫。就這樣，漢堡無法及時修建他們的濾水廠，市民們只能繼續面對霍亂的荼毒，市政府則徒呼負負，束手無策。其實培登克弗在公共衛生方面是有重要貢獻的，因為他強調環境衛生的重要性。而這個正是傳統公衛醫學的重心，是之前處理傳染病的基本構想，因為當時並不知道微生物的存在和危險。科赫的發現（他個人確認了有超過三十種的細菌）讓人們能確定細菌與疫病之間的因果關係，而可以對症下藥。培登克弗雖然沒有真的染上霍亂病，還是在實驗之後，臥病一個禮拜之久，而他還是否認這是由於病菌發作。他下台之後便銷聲匿跡，在九年之後自殺身死。而科赫則在一九〇五年以分析出肺癆病菌得到諾貝爾獎。

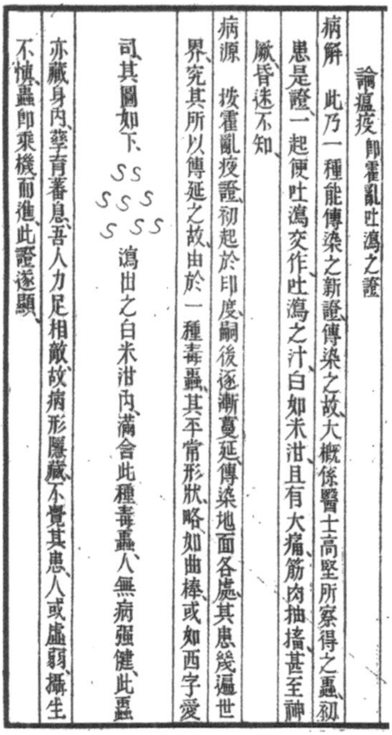

論瘟疫 即霍亂吐瀉之證

病解 此乃一種能傳染之新證、傳染之故、大概係醫士高堅所察得之蟲、初患是證、一起便吐瀉交作、吐瀉之汁、白如米泔、且有大痛、筋肉抽搐、甚至神厥、昏迷不知、

病源 按霍亂疫證、初起於印度、嗣後逐漸蔓延、傳染地面各處、其患幾遍世界、究其所以傳延之故、由於一種毒蟲、其平常形狀、略如曲棒、或如西字、司、其圖如下、

鴻出之白米泔內、滿含此種毒蟲、人無病強健、此蟲亦藏身內、孳育蕃息、吾人力足相敵、故病形隱藏、不覺其患、人或虛弱、攝生不慎、蟲即乘機而進、此證遂顯、

1897年上海《新學報》介紹霍亂細菌的文章。圖中的霍亂細菌可與現在顯微鏡所顯示的相比。文中第一次在中文世界提到「醫士高堅」，即科赫。

從上面簡短的討論，我們馬上可以看出

學者的傲慢、官僚體系的守成慣性（不容易接受新的看法），再再都會影響科學發展的途徑和腳步。看目前新冠病毒對全世界的影響，以及各地政府的應對方法及速度，真是讓我們深深感到社會學和歷史學研究在人類保護自己的過程中的確占了很大的地位。當然，科學家的貢獻一定要尊重，但不幸我們的世界常常是由不負責任又自私傲慢的人所統治，所以只好從改進人文社會的研究，祛除學者的因襲慣性和傲慢權威的官僚體制，這樣才能有更可靠的政策可循，減輕瘟疫對人類所造成的傷害。

——本文大多根據 Alex de Waal 的 *New Pathogen*, Old Politics 一文，登於 *Boston Review*, 二〇二〇年三月二十七日

——二〇二〇年四月十三日寫於瘟疫肆虐中的紐約赫貞河畔

人名引得

E

F

G

H

I

J

K

L

M

N

P

R

S

T

V

W

Z

漢文三畫

漢文四畫

漢文五畫

漢文六畫

漢文七畫

漢文八畫

漢文九畫

漢文十畫

漢文十一畫

漢文十二畫

漢文十三畫

漢文十四畫

漢文十五畫

漢文十六畫

漢文十八畫

漢文十九畫

漢文二十畫

漢文二十一畫

國家圖書館出版品預行編目資料

想像「聲辯才博」：李弘祺談史、論藝、述學集 / 李弘祺 著. -- 初版. -- 臺北市 : 商周出版 : 英屬蓋曼群島商家庭傳媒股份有限公司城邦分公司發行, 民111.04
面： 公分

ISBN 978-626-318-217-2(平裝)

1.CST: 言論集

078　　111003153

想像「聲辯才博」
李弘祺談史、論藝、述學集

作　　者 / 李弘祺
企劃選書 / 林宏濤
責任編輯 / 梁燕樵

版　　權 / 黃淑敏、林易萱
行銷業務 / 周佑潔、華華、賴正祐
總 編 輯 / 楊如玉
總 經 理 / 彭之琬
事業群總經理 / 黃淑貞
發 行 人 / 何飛鵬
法律顧問 / 元禾法律事務所　王子文律師
出　　版 / 商周出版
城邦文化事業股份有限公司
臺北市中山區民生東路二段141號9樓
電話：(02) 2500-7008 傳真：(02) 2500-7759
E-mail：bwp.service@cite.com.tw
發　　行 / 英屬蓋曼群島商家庭傳媒股份有限公司城邦分公司
臺北市中山區民生東路二段141號2樓
書虫客服服務專線：(02) 2500-7718・(02) 2500-7719
24小時傳真服務：(02) 2500-1990・(02) 2500-1991
服務時間：週一至週五09:30-12:00・13:30-17:00
郵撥帳號：19863813　戶名：書虫股份有限公司
E-mail：service@readingclub.com.tw
歡迎光臨城邦讀書花園 網址：www.cite.com.tw
香港發行所 / 城邦（香港）出版集團有限公司
香港灣仔駱克道193號東超商業中心1樓
電話：(852) 2508-6231　傳真：(852) 2578-9337
E-mail：hkcite@biznetvigator.com
馬新發行所 / 城邦（馬新）出版集團 Cité (M) Sdn. Bhd.
41, Jalan Radin Anum, Bandar Baru Sri Petaling,
57000 Kuala Lumpur, Malaysia

封面設計 / 兒日
排　　版 / 艾許莉
印　　刷 / 韋懋實業有限公司
經 銷 商 / 聯合發行股份有限公司
電話：(02) 2917-8022　傳真：(02) 2911-0053
地址：新北市231新店區寶橋路235巷6弄6號2樓

■2022年（民111）4月初版1刷
定價500元

Printed in Taiwan
城邦讀書花園
www.cite.com.tw

ISBN　978-626-318-217-2

商周出版

廣 告 回 函
北區郵政管理登記證
台北廣字第000791號
郵資已付，免貼郵票

104台北市民生東路二段141號2樓

英屬蓋曼群島商家庭傳媒股份有限公司　城邦分公司

請沿虛線對摺，謝謝！

商周出版

書號：BK5195　**書名：**想像「聲辯才博」李弘祺談史、論藝、述學集　**編碼：**

請於此處用膠水黏貼

商周出版

讀者回函卡

線上版讀者回函卡

感謝您購買我們出版的書籍！請費心填寫此回函卡，我們將不定期寄上城邦集團最新的出版訊息。

姓名：＿＿＿＿＿＿＿＿＿＿＿＿＿＿＿＿＿＿＿ 性別：☐男 ☐女

生日：西元＿＿＿＿＿＿＿年＿＿＿＿＿＿＿月＿＿＿＿＿＿＿日

地址：＿＿＿＿＿＿＿＿＿＿＿＿＿＿＿＿＿＿＿＿＿＿＿＿＿＿

聯絡電話：＿＿＿＿＿＿＿＿＿＿＿＿ 傳真：＿＿＿＿＿＿＿＿＿＿

E-mail ：

學歷：☐ 1. 小學 ☐ 2. 國中 ☐ 3. 高中 ☐ 4. 大學 ☐ 5. 研究所以上

職業：☐ 1. 學生 ☐ 2. 軍公教 ☐ 3. 服務 ☐ 4. 金融 ☐ 5. 製造 ☐ 6. 資訊

☐ 7. 傳播 ☐ 8. 自由業 ☐ 9. 農漁牧 ☐ 10. 家管 ☐ 11. 退休

☐ 12. 其他＿＿＿＿＿＿＿＿＿＿＿＿＿＿＿＿＿＿＿＿＿＿

您從何種方式得知本書消息？

☐ 1. 書店 ☐ 2. 網路 ☐ 3. 報紙 ☐ 4. 雜誌 ☐ 5. 廣播 ☐ 6. 電視

☐ 7. 親友推薦 ☐ 8. 其他＿＿＿＿＿＿＿＿＿＿＿＿＿＿＿＿

您通常以何種方式購書？

☐ 1. 書店 ☐ 2. 網路 ☐ 3. 傳真訂購 ☐ 4. 郵局劃撥 ☐ 5. 其他＿＿＿

您喜歡閱讀那些類別的書籍？

☐ 1. 財經商業 ☐ 2. 自然科學 ☐ 3. 歷史 ☐ 4. 法律 ☐ 5. 文學

☐ 6. 休閒旅遊 ☐ 7. 小說 ☐ 8. 人物傳記 ☐ 9. 生活、勵志 ☐ 10. 其他

對我們的建議：＿＿＿＿＿＿＿＿＿＿＿＿＿＿＿＿＿＿＿＿＿＿＿＿

＿＿＿＿＿＿＿＿＿＿＿＿＿＿＿＿＿＿＿＿＿＿＿＿

＿＿＿＿＿＿＿＿＿＿＿＿＿＿＿＿＿＿＿＿＿＿＿＿

請於此處用膠水黏貼